O'R PRIDD I'R PLÂT

CERI LLOYD

Diolch

Diolch Mam a Dad am fy ysbrydoli i weld bod unrhyw beth yn bosib. Diolch Gwion am dy gred ynof i a dy gryfder fel person i'm helpu i drwy unrhyw beth! Diolch i fy ffrind anhygoel o dalentog, Rhiannon Holland, a wnaeth weithio'n ddi-stop i berffeithio'r lluniau yn y gyfrol hon, a diolch i fy Oprah bersonol, Meilir Rhys Williams.
Diolch i Fforest am lleoliadau i dynnu'r lluniau (https://www.coldatnight.co.uk/).
Diolch hefyd i bawb sydd wedi gwneud y llyfr yma'n bosib, gan gynnwys Meleri Wyn James, Robat Trefor ac Y Lolfa, Huw Meirion Edwards, Dyfan Williams, Alys Williams a Niki Pilkington.
Mae fy mreuddwyd wedi'i wireddu, diolch i chi i gyd.

Argraffiad cyntaf: 2019

© Hawlfraint Ceri Lloyd a'r Lolfa Cyf., 2019

Mae hawlfraint ar gynnwys y llyfr hwn ac mae'n anghyfreithlon llungopïo neu atgynhyrchu unrhyw ran ohono trwy unrhyw ddull ac at unrhyw bwrpas (ar wahân i adolygu) heb gytundeb ysgrifenedig y cyhoeddwyr ymlaen llaw

Dymuna'r cyhoeddwyr gydnabod cymorth ariannol Cyngor Llyfrau Cymru

Lluniau'r clawr: Rhiannon Holland
Cynllun y clawr: Dyfan Williams

Rhif Llyfr Rhyngwladol: 978 1 78461 7 769

Cyhoeddwyd, rhwymwyd ac argraffwyd yng Nghymru gan
Y Lolfa Cyf., Talybont, Ceredigion SY24 5HE
gwefan www.ylolfa.com
e-bost ylolfa@ylolfa.com
ffôn 01970 832 304
ffacs 832 782

Er mwyn lawrlwytho eich canllaw digidol i'r llyfr O'r Pridd I'r Plât
ewch i wefan SAIB – www.saib.yoga/opip a defnyddio'r cod: #OPIP,
neu sganiwch y cod QR yma.

I Mam, Dad a Gwion

Diolch o galon am eich cefnogaeth ddi-ffael,
eich cariad diamod ac am eich cred yn fy syniadau
– dim ots pa mor wallgof y'n nhw.
Mae'r llyfr o'ch herwydd chi, ac ar eich cyfer chi!

CYNNWYS

Rhagair Alys Williams	7
Croeso i *O'r Pridd I'r Plât*	9
Fy stori i	10
Tri philer athronyddol *O'r Pridd I'r Plât*	16
Pam dewis dilyn deiet sy'n seiliedig ar blanhigion?	20
Ioga	31
Defodau	41
Beth sydd yn fy mhantri i	49
Peiriannau cegin	54
GWANWYN	59
Diodydd	
Dŵr cynnes a lemwn	62
Sudd seleri	63
Latte matcha	65
Smwddi gwyrdd syml	65
Te llysieuol dail mafon coch a dant y llew wedi'u trwytho	66
Brecwast	
Bara banana, cnau Ffrengig a menyn cnau almon gyda hufen cnau coco wedi'i chwipio	69
Granola afal, sinamon, pecan a goji	70
Crempog lemwn, cardamom a llus	73
Prif brydau	
Pasta madarch gyda saws cnau cashiw hufennog	74
Pitsa cwinoa gyda phesto cnau Ffrengig, saws goji a chaws parma cashiw	76
Salad corbys gwyrdd gyda thatws rhost a dresin cartre	78
Melys	
Browni amrwd ag eisin rhosyn siocled	79
Siocled amrwd hardd	80
Cacennau caws hufen da!, matcha a lemwn	81

HAF   82

Diodydd
Smwddi protein gwyrdd   85
Sudd melon dŵr a mintys   86
Te llysieuol camomil, *passiflora* a lafant wedi'u trwytho   87
Latte rhosyn   88

Brecwast
Iogwrt cashiw   89
Peli pŵer coffi gydag eisin siocled   90
Pwdin chia   92
Hufen caws cashiw a rhosmari gydag afocado ar dost   93

Prif brydau
Omled   94
Salad Cesar â thalpiau *tempeh*, *croutons* cartre a saws cnau cashiw hufennog   97
Dysgl o nwdls cynhesol   99
Cawl madarch hufennog   100

Melys
Hufen da! riwbob a banana   101
Cyffug menyn almon   102
Mousse siocled   103

HYDREF   104

Diodydd
Surop sbeis pwmpen   106
Powdr sbeis pwmpen   107
Sudd tyrmerig a sinsir   108
Sudd poeth lemwn, oren a thyrmerig   109
Latte tyrmerig   110
Te ysgaw, egroes a hibisgws wedi'u trwytho   111

Brecwast
Tost Ffrengig sbeis pwmpen ac afal   112
Miwsli 'cacen foron'   113
Crymbl afal sinamon gyda chnau Ffrengig wedi'u carameleiddio   114

Prif brydau
Pasta tomato sbeislyd gyda pheli planhigyn wy a chorbys gwyrdd   116

Pasta mac a chaws   118
Y cyrri figan gorau   119
Cêl cnau coco gyda chwinoa tyrmerig   120

Melys
Pei pwmpen   122
Toesenni sbeis pwmpen gydag eisin caramel   125
Cacen foron amrwd gydag eisin camomil cashiw   126

GAEAF   128

Diodydd
Eggnog hufennog   130
Siocled poeth blas pupur-fintys   131
Smwddi *mint choc chip*   132
Te *St John's wort*, *rhodiola* a *tulsi* wedi'u trwytho   133
Coffi madarch   134
Coctel *kombucha* gyda llugaeron a mintys   136

Brecwast
Jam chia, oren a llugaeron   137
Uwd menyn almon gyda bananas wedi'u carameleiddio   138
Toesenni oren a chardamom   141

Prif brydau
Cawl caws blodfresych   142
Pei llysiau rhost cartre   144
Stwnsh blodfresych gyda sosej llysieuol a grefi madarch   146
Powlaid o lysiau pwerus   149

Melys
Cacen gaws fanila Efrog Newydd   151
Tartenni Nadolig amrwd   152
Pei banoffi caramel   155

Ryseitiau ar gyfer cynnyrch ymolchi diwenwyn   157

Geirfa   163

Mynegai   164

RHOWCH EICH HUN YN GYNTAF!

Mae byw yn ymwybodol, ac ar ddeiet figan, yn dechrau troi o fod yn 'trend' i fod yn ffordd o fyw i nifer gynyddol o bobl. Fel un sydd wedi dilyn deiet fegan ers blynyddoedd, ac yn ymfalchïo mewn coginio prydau figan maethlon i'r teulu, rwy wrth fy modd bod gennym lyfr yn yr iaith Gymraeg, o'r diwedd, sy'n cynnig golwg adfywiol a chyffrous ar sut y medrwn fyw mewn ffordd gynaliadwy.

Mae trigolion y Deyrnas Unedig yn gweithio oriau hirach nag unrhyw wlad arall yn yr Undeb Ewropeaidd, ac mae astudiaethau yn dangos o hyd bod cysylltiad rhwng gweithio oriau hir ac iselder. Mae Ceri yn annog pobl i roi nhw'u hunain a'u hiechyd yn gyntaf, pryd bynnag y bo modd a hynny heb deimlo'n euog, ac yn pwysleisio pwysigrwydd cymryd saib i goginio bwyd iach, neu ymarfer ioga, neu i berfformio defod sy'n gwneud lles i'r meddwl, y corff a'r enaid. Yn bersonol,

teimlaf yn fwy egnïol ar ddeiet figan ac mae meddu ar ddigonedd o egni yn beth pwysig, heb os, i ymdopi â gofynion perfformio a magu plant.

Mae'r ryseitiau yn y llyfr hwn wedi'u rhestru yn ôl y tymhorau, ac mae hynny'n ein helpu ni i ailgysylltu gyda natur ac i fod yn fwy ymwybodol o le mae ein bwyd ni'n dod. Maent hefyd yn lliwgar a blasus iawn ac, wrth gwrs, o fudd i'r corff. Rwy'n siŵr y bydd pori trwy'r gyfrol hardd hon yn ysbrydoli llawer o bobl i feddwl am fwyd fel ffordd o roi maeth i'r corff yn hytrach na bodloni ysfa yn unig. Rwy'n rhagweld y bydda i, a nifer o rai eraill, yn troi at y llyfr yma dro ar ôl tro i'n hatgoffa bod byw bywyd sydd o les i'n planed a'i holl greaduriaid yn hawdd ac yn hwyl, ac y bydd yn ein gwneud ni'n hapusach yn y pen draw.

Alys Williams
Hydref 2019

Llun: Boom Cymru

CROESO I *O'R PRIDD I'R PLÂT*

Pwrpas y gyfrol hon yw eich ysbrydoli i fod yn fwy ymwybodol o'ch ffordd o fyw a'r byd o'ch cwmpas. Mae'n cynnwys ymarferion, ryseitiau a defodau fydd yn eich annog i fod yn fwy caredig atoch chi eich hun, at bobl eraill, y blaned a'r anifeiliaid sy'n byw arni.

Ynddi, rwy'n rhannu fy stori bersonol, yn ogystal â rhai o'r pethau sydd wedi cael dylanwad enfawr ar fy hapusrwydd a fy nghydbwysedd emosiynol dros y blynyddoedd diwethaf. Rwy'n gobeithio y byddan nhw'n eich arwain chi i'r cyfeiriad cywir ac yn eich helpu i greu bywyd fydd yn eich galluogi i deimlo fel y fersiwn gorau posib ohonoch chi eich hun.

Mae bywyd modern yn brysur tu hwnt ac rydym i gyd yn euog o fyw ar awtopeilot, heb feddwl dwywaith am yr hyn yr ydym yn ei wneud na'i ddweud. Mae'r pwysau sy'n dod o weithio, edrych ar ôl y teulu a chymdeithasu yn gallu creu straen aruthrol ar y corff a'r meddwl, heb sôn am y pwysau rydym yn dueddol o'u rhoi arnom ni ein hunain i fyw mewn ffordd arbennig. Mae dylanwad y cyfryngau cymdeithasol yn fwy nag erioed, a phobl o bob oedran yn gaeth i wahanol sianeli a gwasanaethau. Mae hyn ynddo'i hun yn rhoi straen feddyliol aruthrol ar bobl i fod yn 'berffaith' ac mae'n mynd yn anoddach bob dydd i gofio na ddylem fyth gymharu ein hunain ag eraill.

Nid ydym yn trin y blaned yn gynaliadwy ar hyn o bryd, felly mae'n bwysicach nawr nag erioed ein bod yn ystyried ac yn ailedrych ar y ffordd rydym yn byw ein bywydau o ddydd i ddydd – beth rydym yn ei fwyta a'i brynu a'r effaith mae hynny'n ei chael ar y byd. Ar yr un pryd, mae hefyd yn bwysig ein bod yn arafu digon i sylweddoli beth sy'n gwneud i ni deimlo'n dda a beth sy'n ein diflasu ni. Beth allen ni ei ychwanegu i'n bywydau fyddai'n ein hysbrydoli a beth allen ni fyw hebddo?

Weithiau fe fyddwn yn anghofio bod bywyd yno i'w fwynhau, ac fe ddylen ni fanteisio ar bob eiliad ohono! Dyna pam rwy'n falch ofnadwy o gael y cyfle hwn i rannu'r pethau bach syml sy'n fy atgoffa i i fwynhau, i deimlo'n hapus ac i fyw bywyd llawn, cytbwys, ymwybodol a chynaliadwy. Rwy eisiau dangos ei bod hi'n hwyl edrych ar ôl eich hun a'r blaned, a pha mor syml a gwerthfawr yw cyflwyno'r newidiadau bach hyn i'ch bywyd.

Fe allwch fynd ati i ddilyn yr ymarferion, y ryseitiau a'r defodau sydd yn y llyfr hwn i'r llythyren neu, yn well byth, fe allwch eu defnyddio i'ch ysbrydoli a dewis rhai ohonyn nhw a'u haddasu i'r hyn sy'n eich plesio chi orau, yn eich bodloni chi ac yn eich gwneud chi hapusaf!

Gobeithiaf y bydd y gyfrol hon yn bwydo'r meddwl, y corff a'r enaid ac yn eich helpu i deimlo fel y fersiwn gorau ohonoch chi eich hun: yn fwy 'presennol', egnïol, holliach a chytbwys.

CERI LLOYD
HYDREF 2019

FY STORI I

Rwy'n cael fy adnabod yn bennaf fel actores. Yn 2010, fe raddiais o Goleg Drama ALRA (Academy of Live and Recorded Arts), Llundain cyn symud yn ôl i fyw yng Nghymru yn 2014. Roeddwn yn lwcus fy mod i'n gwybod yn union pa fath o yrfa roeddwn am ei dilyn o oedran ifanc iawn ac fe ges i gyfleoedd anhygoel i feithrin fy nawn fel actores trwy gydol fy amser fel disgybl yn Ysgol y Strade, Llanelli, cyn symud ymlaen i'r coleg.

Fel mae pobl yn ymwybodol, mae'n siŵr, mae'r diwydiant actio yn gallu bod yn un anodd a chystadleuol tu hwnt. Pan ges i fy rôl actio gyntaf a finnau ond yn 14 mlwydd oed, roeddwn eisoes yn ymwybodol iawn o sut y gallai fy ngolwg a fy mhwysau ddylanwadu ar fy llwyddiant fel actores. Dyna ddechrau ar fy mherthynas negyddol gyda bwyd.

Fe ddechreuais i dorri cymaint o fwyd â phosib o fy neiet, nes yn y diwedd roedd yna adegau pan fyddwn i ond yn rhoi un Frappuccino o Starbucks y dydd yn fy nghorff a hwnnw'n cynnwys dim byd ond siwgr a dŵr!

Unwaith y symudais i i'r coleg a dechrau astudio yn llawn amser, fe ddechreuodd y frwydr gyda fy neiet gael effaith ar fy iechyd. Mae bywyd coleg drama yn wahanol iawn i fywyd prifysgol am fod yr oriau'n hir a'r rheolau'n llym (petaech chi ddwy funud yn hwyr i'r dosbarth yn y bore, yna fe fyddech yn cael eich gwahardd o holl ddosbarthiadau'r dydd). Byddai'r diwrnod yn dechrau am 9 y bore gyda dosbarth ioga, *tai chi* neu pilates, yna'n symud ymlaen at ddosbarthiadau llais, byrfyfyrio, teledu ac acenion cyn gorffen o gwmpas 7 neu 8 yr hwyr. Roedd yr amserlen yn ddwys, yn drwm ac yn gorfforol, ac roedd angen lefelau egni uchel i gyflawni'r holl ddosbarthiadau. Cefais fy hun yn cyrraedd adre ar ddiwedd y diwrnod ar lwgu, heb fwyta dim byd drwy'r dydd. Fe fydden i'n prynu tomen o fwyd, gormod o lawer i un person, ond rhywsut bydden i'n ei fwyta i gyd mewn un eisteddiad. Mae gorfwyta yn ddrwg i unrhyw un, ond roedd y bwyd roeddwn i'n ei ddewis yn llawn siwgr a braster a naw gwaith allan o ddeg yn fwyd parod neu wedi'i brosesu.

O ganlyniad, erbyn i mi raddio, roedd yr ansefydlogrwydd hwn yn golygu fy mod wedi magu llawer o bwysau ac yn edrych fel person cwbl wahanol i'r un ddechreuodd yn y coleg dair blynedd ynghynt. Roeddwn yn gaeth i fwydydd parod, llawn siwgr, ac roedd goryfed alcohol yn chwarae rhan fawr yn fy neiet. Ar y pryd doedd gen i ddim syniad o'r difrod roedd hyn yn ei wneud i fy nghorff. Yn amlwg, roeddwn yn gallu gweld fy mod yn drymach yn gorfforol, ond dim ond ar ôl dechrau gweld a theimlo symtomau eraill y bu'n rhaid i mi edrych o ddifri arnaf fy hun.

Roedd fy nghroen yn dioddef, fy mhwysau yn amrywio, fy emosiynau dros y lle i gyd a fy lefelau egni yn isel. Roedd fy nillad yn adlewyrchu'r pethau hynny, yn llawer iawn rhy fawr i mi er mwyn cuddio'r ffordd roeddwn yn edrych ac yn teimlo. Roedd hi'n anodd bod fel hyn wrth fynychu clyweliadau a gweithio o flaen y camera; doedd hi ond yn fater o amser cyn i mi ddechrau colli hyder yndda i fy hun ac yn fy nawn fel actores

ac, o ganlyniad, roeddwn i'n cael llawer iawn llai o waith. Erbyn hyn, fe alla i edrych yn ôl a deall y rhesymau pam – os nad oedd gen i hyder yndda i fy hun, sut allwn i ddisgwyl i unrhyw un arall ymddiried yndda i? Roeddwn wedi colli fy hun yn gyfan gwbl ac mewn lle anhapus iawn, yn desbret i rywbeth newid. Fe droais at y we ac Instagram am ysbrydoliaeth a help.

Fe ddes o hyd i gyfrif Instagram a chael fy nghyflwyno i lyfr a blog. Yn fy marn i, fe wnaethon nhw fy achub i a fy iechyd! Newidion nhw fy agwedd tuag at fwyd a fy helpu i edrych arno mewn ffordd gwbl wahanol; sylweddolais mai'r bwyd rydym ni'n ei roi yn ein corff yw'r allwedd i fywyd iach, i deimlo'n dda yn gorfforol, yn ogystal ag yn feddyliol, a bod y gallu i reoli hynny i gyd o fewn ein cyrraedd ni. A'r llyfr a wnaeth hyn i gyd i mi oedd *Crazy Sexy Diet* gan Kris Carr.

Mae hanes Kris Carr o Efrog Newydd yn hynod ysbrydoledig. Wedi iddi ganfod yn 2003 bod ganddi fath prin o ganser a oedd yn amhosib ei wella, trodd at fwyta planhigion yn unig er mwyn ceisio rheoli'r salwch. Dros bymtheg mlynedd yn ddiweddarach mae'n dal i fyw bywyd iach er gwaetha'r canser, a hynny trwy ddilyn deiet planhigion. Mae ei stori yn un anhygoel ac roedd yn ddigon i fy ysbrydoli i roi cynnig ar y ffordd honno o fyw er mwyn gweld sut y byddwn i'n teimlo. Rwy'n dal i fynd yn ôl i bori trwy ei llyfr a'i blog yn gyson.

Dechreuais ar y deiet yn syth ar ôl gorffen tudalen olaf y llyfr. Prynais NutriBullet gyda'r ychydig arian oedd gen i fel actores ddi-waith (oedd erbyn hyn yn gweithio'n rhan amser mewn canolfan alwadau) a dechrau gwneud smwddis a sudd gwyrdd oedd yn llawn llysiau a ffrwythau 'organig' – term hollol newydd i mi ar y pryd. Fe es i un cam ymhellach hefyd gan ollwng pob cynnyrch anifail, fel cig, llaeth, caws ac ati o fy neiet. Yn y pythefnos cyntaf, dechreuais golli ychydig o bwysau a gweld bod gen i dipyn mwy o egni nag oedd gen i cynt. Yn araf deg, dechreuais deimlo'n fwy a mwy cyfforddus yn fy nghroen fy hun, yn fwy positif, yn fwy egnïol ac yn bwysicach na dim, yn fwy hyderus unwaith eto. Yn syth, fe wnes i gwympo mewn cariad gyda nid yn unig y ffordd yr oeddwn yn teimlo ond y ffordd hon o fyw – byw yn iach ac ymddiddori mewn ffyrdd newydd o greu ryseitiau, mwynhau coginio a'r sialens o ddilyn deiet a oedd ar y pryd yn gwbl newydd, a hynny cyn bod hynny'n 'ffasiynol'. Yn syml, ro'n i wrth fy modd!

Sylweddolais i mi fod yn teimlo'n ddigyswllt ers blynyddoedd: oddi wrthyf fy hun, fy nghorff a fy hapusrwydd hyd yn oed, ac roeddwn yn benderfynol o beidio â gadael i hynny ddigwydd byth eto.

Nid pawb sy'n mynd i uniaethu gant y cant â fy stori i; mae stori a phrofiadau bywyd pawb yn wahanol a phobl yn gorfod delio â'u problemau a'u sefyllfaoedd eu hunain, ond oherwydd dylanwad y cyfryngau, y ffordd mae cyrff yn cael eu portreadu, yn enwedig rhai menywod, a'r delweddau sy'n dderbyniol o fewn ein cymdeithas, mae'r rhan fwyaf o bobl wedi profi perthynas negyddol â bwyd ar ryw adeg, boed hynny'n orfwyta, bwyta'r pethau anghywir, neu osgoi bwyd yn gyfan gwbl. Roeddwn yn ffodus iawn i ddod o hyd i'r ysbrydoliaeth angenrheidiol i allu newid fy agwedd at fwyd ac edrych arno mewn ffordd bositif, fel meddyginiaeth, rhywbeth sy'n rhoi'r egni i ni fod y gorau y gallwn ni, a rhoi'r pŵer i ni deimlo ac edrych yn anhygoel ar y tu mewn ac ar y tu fas!

Mae dilyn deiet sy'n dibynnu ar lysiau a ffrwythau organig wedi newid fy mywyd yn gyfan gwbl, ac wrth edmygu'r bwyd ar fy mhlât rwy wedi dod i weld mai dyma'r ffisig mwyaf blasus, cyffrous, hwyliog a phrydferth rwy wedi'i brofi erioed, nid yn unig yn gorfforol ond yn feddyliol hefyd.

I GRYNHOI, DYMA DAIR ESIAMPL O'R EFFAITH GADARNHAOL ARNA I:

1. Y FFORDD RWY'N TEIMLO:

Cyn fy mod yn dilyn y deiet hwn, roeddwn wedi mynd o fwyta bron dim byd i fod yn gaeth i siwgr a bwyd wedi'i brosesu. Nid oedd y ffordd yr oeddwn yn bwyta ac yn trin fy nghorff yn gynaliadwy nac yn iach o gwbl ac roedd yn cael dylanwad negyddol ar fy nghydbwysedd emosiynol, fy hyder a fy mhwysau.

Diolch i'r newidiadau rwy wedi'u gwneud, mae gen i egni anhygoel nad oeddwn i fyth yn ei deimlo cynt. Rwy'n teimlo gymaint yn ysgafnach, ac nid o reidrwydd oherwydd fy mod wedi colli pwysau (er y byddwch yn naturiol yn colli pwysau os ydych yn dewis dilyn y math hwn o ddeiet!). Nawr, mae'r pethau rwy'n eu bwyta yn faethlon ac yn iachus ac yn galluogi fy nghorff i dreulio'n well.

2. SUT RWY'N EDRYCH:

Cyn troi at ddeiet llawn planhigion roedd fy nghroen yn dioddef yn ofnadwy, yn enwedig fy wyneb. Anaml iawn, os o gwbl, y byddai croen fy wyneb yn glir rhag unrhyw farciau neu sbotiau. Yn fuan wedi i mi addasu fy neiet, cliriodd fy nghroen mwy neu lai yn gyfan gwbl a phrin fydda i'n cael unrhyw farciau neu sbotiau erbyn hyn. Mae'r pethau rwy'n eu rhoi yn fy nghorff wedi fy ngalluogi i reoli fy emosiynau a'u cadw nhw'n gytbwys, sydd hefyd wedi bod yn help mawr wrth gadw fy nghroen yn glir. Mae'r newidiadau hyn wedi golygu fy mod i'n fwy cyfforddus yn fy nghroen fy hun ac wedi magu hyder unwaith eto yn fy ngolwg a'r ffordd rwy'n edrych arnaf fy hun.

3. FY FFORDD O FYW:

Mae fy mherthynas â bwyd nawr yn un bositif tu hwnt. Rwy'n dwli bwyta, coginio a chreu ryseitiau unigryw sy'n blasu'n anhygoel ac sydd hefyd yn iachus! Mae'r ffordd rwy'n meddwl am fwyd yn gyffredinol yn wahanol iawn. Rwy'n gweld bod bwyd yn rhoi egni i mi, yn fy helpu i deimlo'n hyderus yn fy nghroen fy hun ac yn fy ysbrydoli i greu prydau diddorol o'r newydd, gan ddefnyddio dim ond ffrwythau a llysiau. Ddeng mlynedd yn ôl, fyddwn i erioed wedi dychmygu fy hun yn defnyddio cnau cashiw i greu cacen gaws, afocado i greu pwdinau nac almonau i greu llaeth!

Mae'r newidiadau bach hyn yn amlwg nid yn unig i mi fy hun ond i fy nheulu a'm ffrindiau hefyd ac mae llawer ohonyn nhw bellach yn ymddiddori yn y deiet, yn fwy ymwybodol o'r hyn maen nhw'n ei roi yn eu cyrff ac yn byw bywydau mwy cynaliadwy.

Yn naturiol, ar ôl dangos diddordeb yn yr hyn rwy'n ei roi yn fy nghorff, y cam nesaf oedd edrych ar beth roeddwn yn ei roi ar fy nghorff. Dechreuais ymchwilio i gynnyrch cosmetig a darllen labeli cynnyrch ymolchi, colur, hufen lleithio ac ati. O fewn dim, roeddwn wedi cael gwared â'r rhan fwyaf o'r cynnyrch oedd yn fy nghwpwrdd. Fe'm synnwyd gymaint o gemegau drwg a chynhwysion gwenwynig oedd yn y rhan fwyaf o'r cynnyrch roeddwn yn ei ddefnyddio. O ganlyniad, fe ddes o hyd i nifer o gwmnïau sy'n ymddiddori mewn cynhwysion organig, diwenwyn, sydd yn figan ac yn naturiol. Bydda i'n rhannu ryseitiau ac yn sôn mwy am hyn yn nes ymlaen yn y gyfrol.

Tra oeddwn yn darganfod pethau cyffrous o hyd am fwyta a byw yn y funud hon, teimlais yr awydd i wneud ymarfer corff yn amlach. Roeddwn wastad yn mwynhau cadw'n heini pan oeddwn yn ifanc, ond unwaith i mi golli'r cysylltiad hwnnw gyda fi fy hun, a'r teimlad o fod yn hapus yn fy nghroen fy hun, fe gollais y cysylltiad â symud fy nghorff a cholli'r egni a'r ysgogiad i ddechrau gwneud unrhyw fath o ymarfer corff. Ond dechreuais ddilyn cwpwl o ddosbarthiadau ioga ar YouTube er mwyn magu hyder i fynychu'r gampfa neu fynd allan i redeg. Ar unwaith fe gwympais mewn cariad â ioga am ei fod yn fy helpu i arafu a thalu sylw i sut roeddwn yn teimlo ar y funud honno, i ddelio â fy nheimladau a hefyd i roi i mi'r hyder roeddwn ei angen ond wedi'i golli.

Ar ôl ymarfer ioga am bedair blynedd, penderfynais fynychu cwrs hyfforddi er mwyn cynnal dosbarthiadau fy hun, dysgu pobl eraill a'u helpu nhw i deimlo yn union fel yr oeddwn i wrth ymarfer: yn gryf, yn egnïol, yn gallu rheoli fy emosiynau ac yn gyfforddus yn fy nghroen.

O edrych 'nôl ar fy stori a fy arferion gwael, y ffordd doeddwn i ddim yn byw'n iach nac yn edrych ar ôl fy hun, mae'n llenwi fy nghalon â hapusrwydd fy mod wedi cyrraedd man lle rwy'n gallu creu llyfr sy'n dathlu ffordd iach o fyw, un sy'n cynnig y cyfle i chithau hefyd deimlo'n wych. Fy nod yw eich ysbrydoli i gysylltu â natur a'r blaned anhygoel hon rydym yn byw arni drwy ddefnyddio cynhwysion naturiol, diwenwyn fel cynnyrch ymolchi, ac i neilltuo ychydig o amser bob dydd i symud ac i anadlu drwy ymarfer ioga a gwerthfawrogi'r gallu rhyfeddol sydd gan ein corff i addasu. Ac yn bwysicach na dim, i ddathlu bwyd – y planhigion a'r llysiau sy'n tyfu'n naturiol yn syth o'r ddaear oddi tanom!

Mae'n bwysig pwysleisio nad wyf yn ceisio portreadu'r ffordd hon o fyw fel un 'berffaith', na chwaith yn ceisio portreadu 'bywyd perffaith'. Nid cael gwared ar bethau yw'r nod ond, yn hytrach, ddod o hyd i gydbwysedd yn eich bywyd, dod o hyd i'r elfennau sy'n gweithio i chi a chyflwyno'r pethau iachus hyn i'ch bywyd o ddydd i ddydd. Wrth gwrs, mae'n amhosib i bawb deimlo'n anhygoel bob dydd o'r flwyddyn, ond mae'n bosib dod o hyd i ffyrdd o ddelio â'r diwrnodau gwael hynny er mwyn eu gwneud nhw'n well.

Nid wyf yn honni bod deiet sy'n gwbl seiliedig ar blanhigion yn mynd i weithio na bod yn fuddiol i bawb, ond rwy'n siŵr bod cyflwyno mwy o lysiau a ffrwythau llawn maeth i'n deiet yn fwy aml yn llesol i bob un ohonom.

Mae gwneud y newidiadau syml hyn yn y ffordd rwy'n byw ac yn meddwl wedi fy nhrawsnewid i fel person ac wedi rhoi'r hyder i mi fod yn 'fi fy hun' unwaith eto, yn llawer mwy positif ac egnïol. Rwy'n gobeithio y bydd y ryseitiau, yr ymarferion a'r defodau hyn yn eich annog a'ch helpu i gyflwyno'r pethau bach yma i'ch bywyd, yn rheswm i chi roi chi'ch hun yn gyntaf (heb deimlo'n euog) ac yn eich helpu i fyw bywyd cytbwys a hapus.

TRI PHILER ATHRONYDDOL
O'R PRIDD I'R PLÂT

Mae fy ffordd o fynd i'r afael â byw bywyd yn y funud hon a bwyta'n iach wedi ei seilio ar dri philer athronyddol: meddwl am fwyd fel ffisig, cydbwysedd trwy ioga a byw yn gynaliadwy.

BWYD FEL FFISIG

Mae agwedd pobl tuag at fwyd yn allweddol pan mae'n dod at fwyta'n iach. Yn y bywyd modern, byrlymus sydd ohoni, mae'n hawdd iawn anghofio'r hyn sy'n dda i ni, yn enwedig pan mae bwyd parod yn rhywbeth mor boblogaidd a hawdd ei gael mewn bwytai a siopau. Mae gan bawb ddiddordeb mewn bwyd. Rydym yn treulio llawer iawn o amser yn siopa amdano, yn ei baratoi a'i fwyta. Mae siarad â phobl a gweld a ydyn nhw'n ystyried beth maen nhw'n ei fwyta, ac yn ei roi yn eu cyrff, yn rhywbeth sy'n fy niddori i'n fawr. Rwy'n gweld newid mawr yn agwedd pobl yn ddiweddar, ac mae yna gynnydd mawr yn y rhai sy'n dangos diddordeb yng nghynhwysion bwyd ac o le mae e'n dod.

Mae athronyddion yn trafod y syniad o fwyd fel ffisig ers miloedd o flynyddoedd, yn ôl yn yr Hen Aifft ac yng Ngroeg. Yn un o'r llyfrau cyntaf i gael ei ddarganfod erioed, yn yr Hen Aifft, cafwyd hyd i ryseitiau oedd yn llawn perlysiau, olew, planhigion a sbeisys a ddefnyddiwyd i drin afiechydon a salwch. Y rhain oedd y presgripsiynau cyntaf i gael eu cofnodi mewn hanes.

Roedd trigolion yr Hen Aifft yn rhoi pwyslais mawr ar bwysigrwydd byw a chadw'n iach, ac mae hynny'n amlwg o edrych ar enwau personol y cyfnod ac ar ffyrdd pobl o gyfarch ei gilydd bob dydd; er enghraifft, roedd geiriau ac enwau yn cael eu ffurfio o'r gair 'seneb', sy'n golygu 'yn iach gydag egni a chryfder'.

Rwy'n arddangos y meddylfryd a'r agwedd yma at iechyd trwy'r llyfr hwn, gan gyflwyno ryseitiau sy'n cyfuno planhigion, perlysiau a sbeisys mewn ffordd greadigol sy'n ein galluogi ni i gadw'n iach, ac yn ein helpu i fynd i'r afael ag afiechydon cyffredin trwy ddefnyddio bwyd fel ffisig.

CYDBWYSEDD TRWY IOGA

Mae pwysigrwydd cydbwysedd meddyliol a chorfforol yn allweddol i sefydlogi iechyd meddwl. Ymarferion anadlu yw un o'r arfau mwyaf pwerus sydd gennym ni wrth gyflawni hyn. Cânt eu hadnabod mewn ioga fel 'pranayama – the life force', a chânt eu defnyddio i dawelu'r meddwl, i newid ein hagwedd at fywyd ac i alluogi pobl i gymryd y cam cyntaf tuag at ymarferion ymwybyddiaeth ofalgar a myfyrdod.

Beth oedd yn fy nghyffroi i fwyaf am ddechrau fy nghwrs ioga cyntaf oedd dysgu am wahanol symudiadau ac ymestyniadau, ond wedi i mi ddysgu mwy am wahanol agweddau o ioga, sylweddolais bwysigrwydd Pranayama, yr anadlu a'r technegau gwahanol wrth anadlu sy'n effeithio ar wahanol rannau o'r corff a'r meddwl. Erbyn hyn, dyma'r agwedd o ioga rwy'n mwynhau ei hymarfer a'i dysgu fwyaf, ac er syndod i mi, i'r ymarferion Pranayama mae myfyrwyr yn ymateb orau.

Mae anadlu yn hanfodol i fywyd. Dyna'r peth cyntaf rydym yn ei wneud ar ôl cyrraedd y blaned, a'r peth olaf rydym yn ei wneud cyn i ni adael. Rhwng y ddau bwynt hynny, rydym yn anadlu tua hanner biliwn o weithiau. Ond nid llawer o bobl sy'n ymwybodol o'r ffaith bod yr anadl, y meddwl a'r corff i gyd yn gysylltiedig ac yn dylanwadu ar ei gilydd. Os yw ein meddyliau yn dylanwadu ar ein hanadlu, mae ein meddwl a'n ffisioleg yn cael eu heffeithio gan ein hanadl yn yr un ffordd yn union – does dim rhyfedd felly bod dysgu sgiliau i anadlu yn gywir ac yn ymwybodol yn werthfawr er mwyn rheoli eich iechyd meddwl. Mae llawer o ymchwil wedi'i wneud i fesur yr effaith y mae ymarferion anadlu syml, dwfn yn ei chael ac fe brofwyd eu bod yn lleihau iselder a gorbryder, yn lleihau neu'n sefydlogi lefelau pwysau gwaed, yn cynyddu lefelau egni ac yn lleddfu teimladau o straen, y teimlad ein bod wedi ein gorlwytho a llawer mwy.

Mae'r un peth yn wir am ymarferion ioga hefyd, ac mae manteision ymestyn ein cyhyrau a symud y corff bron yn ddiddiwedd. Eto, mae ymchwil i effaith ymestyn ac ymarfer ioga wedi profi eu bod yn cynyddu llif y gwaed, yn lleihau pwysau gwaed, yn cryfhau'r cyhyrau a gwella iechyd esgyrn ac yn rheoleiddio'r chwarren adrenal, ac mae hynny'n rhoi hwb i'r system imiwnedd.

Byddaf yn trafod y pethau hyn yn fwy manwl yn nes ymlaen yn y gyfrol ac yn cynnig esiamplau o ymarferion y gallwch eu dilyn.

BYW YN GYNALIADWY

Os oes un peth rwy am i chi ei gofio ar ôl gorffen y llyfr, y peth hwnnw yw bod eich gweithredoedd yn hynod o bwerus. Erbyn hyn, mae pobl yn ymwybodol o'r effaith rydym yn ei chael ar yr amgylchedd, ac mae'n amlwg nawr, yn fwy nag erioed, os nad ydym yn newid ein ffordd o fyw a'n ffordd o wneud pethau, y bydd yr effaith negyddol yr ydym yn ei chael ar y blaned mor fawr fel y bydd hi'n anodd iawn ei hunioni. Gwneud y pethau bychain sy'n bwysig, a'r pethau bychain hynny sy'n gwneud y gwahaniaeth mwyaf. Byddwn ni nid yn unig yn helpu'r blaned, ond yn helpu anifeiliaid, cynefinoedd a phobl eraill hefyd!

Mae byw yn fwy minimalaidd, a rhoi sylw i'r effaith amgylcheddol, yn llesol mewn sawl ffordd. Trwy ddefnyddio trafnidiaeth gyhoeddus yn amlach, siopa'n lleol a swmp-brynu, lleihau'r hyn fyddwch chi'n ei brynu a siopa'n ail-law, fe allwch arbed miloedd mewn blwyddyn a theimlo'n llawer gwell wrth wneud hynny.

Bydd rhai o'r termau y byddwch yn dod ar eu traws yn y llyfr hwn yn rhai rydych eisoes yn ymwybodol ohonyn nhw efallai, a bydd eraill yn gwbl newydd i chi. Gyda'i gilydd, bydd yr ideolegau hyn yn gweithredu fel seren ddisglair fydd yn eich arwain yn araf bach at fywyd mwy cynaliadwy ac yn eich cefnogi ar hyd y daith.

PAM DEWIS DILYN DEIET SY'N SEILIEDIG AR BLANHIGION?

Yn draddodiadol, cyflwr iechyd a salwch oedd y prif resymau y byddai pobl yn newid eu ffordd o fyw a'r hyn roedden nhw'n ei fwyta. Nawr, mae pobl yn dechrau meddwl am eu hiechyd cyn i'r pethau hynny effeithio arnyn nhw, ac mae hynny'n wych ac yn union fel y dylai hi fod. Rydym yn dechrau gweld yr union effaith mae ymbleseru mewn siwgr, bwyd wedi ei brosesu, cynnyrch llaeth a phrydau parod yn ei chael ar ein hiechyd.

Mae'r ffordd mae'r diwydiant bwyd wedi datblygu a'r newid yn y bwydydd sydd nawr ar gael yn yr archfarchnadoedd o'i gymharu â deng mlynedd yn ôl yn arwydd o'r ffordd mae ein hagwedd ni, fel prynwyr, at fwyd wedi newid.

Nawr, rydym eisiau adfer ein hawl i fyw bywydau iachus, hapus ac mae bwydo ein cyrff â'r pethau iawn – llysiau a ffrwythau organig sy'n tyfu'n syth o'r pridd – yn ffordd gref iawn o wneud hynny. Mae pobl yn deffro, fel y gwnes i, i'r ffaith bod 'bwyd yn ffisig' i'r corff ac y dylen ni fod yn fwy ymwybodol o'r penderfyniadau rydym yn eu gwneud oherwydd hynny.

Wedi blynyddoedd o ymchwilio a dilyn deiet sy'n seiliedig ar blanhigion, rwy eisiau rhestru'r manteision ac esbonio pam rwy'n dal i'w ddilyn.

I HELPU'R AMGYLCHEDD

Yn yr un ffordd â'r blaned, mae gan ein cyrff afonydd, llynnoedd, moroedd, aer a thiroedd. Yr ecosystemau hyn yw ein daearyddiaeth bersonol a phlanedol. Mae amgylchedd glân a chydbwysedd tyner yn hanfodol i fodolaeth y ddau. Mae cemegau'n gwenwyno ein gwythiennau a'n hafonydd, gormod o asid yn dwyn y mineralau o'n gerddi a'n meinweoedd, ac mae llygredd yn tagu ein haer a'n hysgyfaint. Rydym yn dod i sylweddoli mai'r ffordd orau i ddod o hyd i'r atebion am sut i ddatrys y sialensau personol a'r rhai byd-eang sy'n ein hwynebu yw trwy edrych ar ein platiau bwyd.

Mae llawer o ystadegau yn profi bod y diwydiant amaethyddol yn cyfrannu'n helaeth at lefelau effaith tŷ gwydr, ac mae'r ymchwil mwyaf diweddar yn dangos y byddai'r defnydd o dir ffermio yn gostwng mwy na 75% heb ffermio cig na chynnyrch llaeth (tiriogaeth fwy na'r Unol Daleithiau, Tsieina, yr Undeb Ewropeaidd ac Awstralia wedi'u cyfuno), ac y byddai digon o fwyd yn dal i gael ei gynhyrchu i fwydo pawb ar y blaned. Yn ôl yr un ymchwil, mae 83% o dir ffermio'r byd yn cael ei ddefnyddio i ffermio anifeiliaid, ac yn cyfrannu 58% at gyfanswm nwyon tŷ gwydr y diwydiant amaeth.

Mae'n amlwg felly bod dilyn deiet sy'n seiliedig ar blanhigion yn cael llai o effaith ar yr amgylchedd. Drwy siopa'n lleol ac yn dymhorol, rydych yn gostwng eich ôl troed carbon yn sylweddol ac yn cyfrannu'n enfawr at y frwydr i ddad-wneud rhywfaint o'r difrod sydd eisoes wedi ei wneud i'r blaned.

RHESYMAU MOESOL

Er fy mod wedi dechrau ar y daith hon am resymau iechyd yn wreiddiol, rwy bellach yn teimlo'n agosach at anifeiliaid ac yn dwli arnyn nhw. Alla i ddim dychmygu bwyta nac yfed cynnyrch anifail eto, yn bennaf am resymau moesol.

Mae cymaint o wahanol achosion wedi denu fy sylw: y sgandal cig ceffyl, ffatrïoedd yn newid dyddiad lladd yr anifeiliaid er mwyn ymestyn eu bywyd ar y silff, a'r lluniau a rannwyd o loeau 6 mis oed mewn corlannau oedd lawer yn rhy fach iddyn nhw ar fferm Grange Dairy yn Dorset, un o brif gyflenwyr Marks & Spencer.

Mae rhaglenni dogfen fel *Cowspiracy: The Sustainability Secret, What the Health* ac *Earthlings* yn dangos yr hyn sy'n digwydd y tu ôl i'r llenni yn y diwydiant amaethyddol. Er fy mod yn deall bod pob sefydliad yn unigryw ac yn cael eu rhedeg mewn ffyrdd gwahanol, mae'n anodd iawn gwybod o ble yn union mae'r cynnyrch wedi dod a sut mae'r anifail wedi cael ei drin, ei fwydo a'i gludo.

Mae gweld a chlywed y storïau hyn yn dorcalonnus ac, i mi yn bersonol, yn ffactor arall sy'n cadarnhau mai dilyn deiet figan yw'r peth cywir i mi ei wneud.

IECHYD

I mi, iechyd yw'r rheswm mwyaf pwysig a'r un sy'n perswadio mwy a mwy o bobl i roi cynnig ar ddeiet figan, yn seiliedig ar blanhigion, ac i gadw ato oherwydd y ffordd maen nhw'n teimlo a'r newid maen nhw'n ei weld ynddyn nhw eu hunain. Fel y soniais yn gynharach, dydw i ddim eisiau rhoi'r argraff mai dyma'r ffordd berffaith i bawb, a dydw i ddim chwaith eisiau rhoi'r argraff fy mod yn gorbwysleisio mor anhygoel a chymaint mwy positif rwy'n teimlo ers dechrau dilyn y ffordd hon o fyw, ond dyna'r gwirionedd. Mae e wedi newid fy mywyd er gwell mewn cymaint o ffyrdd ac mae'r manteision iechyd rwy'n eu teimlo yn llawer iawn mwy nag effaith unrhyw dabled, deiet neu foddion rwy wedi eu cael erioed!

Mae'n llawer haws byw yn figan y dyddiau hyn gydag opsiynau ar gael bron ym mhobman, hyd yn oed yn Ffrainc sydd wedi bod yn nodedig am ddiffyg prydau figan. Mae archfarchnadoedd mawr yn deffro i hyn hefyd ac yn ychwanegu opsiynau prydau parod figan a cheisio hyrwyddo'r ffordd hon o fyw. Ond cofiwch, nid prydau parod yw'r ateb i fywyd iach. Darllenwch y labeli, talwch fwy o sylw i ba gynhwysion sydd yn y bwyd rydych yn ei brynu, ac os nad ydych yn adnabod cynhwysyn neu os ydych yn methu ei ynganu na'i ddeall, yna, mwy na thebyg, mae hynny'n arwydd nad eich corff chi yw'r lle iddo! Coginiwch yn ffres bob cyfle gewch chi!

Mae'n wir y gall bwyta'n iach fod yn ddrud, ond gydag ychydig bach o gynllunio a thrwy ddewis yn ddoeth a swmp-brynu, prynu bwyd tymhorol a'r hyn sydd ar sêl, fe all fod yn fforddiadwy iawn. O feddwl yn nhermau maeth am bob punt, mae'n rhad iawn o'i gymharu â chynnyrch anifail a bwydydd wedi'u pecynu. Fe fydd yn sicr yn arbed arian i chi yn y tymor hir.

BETH AM BROTEIN?

Y cwestiwn hud! Y geiriau sydd ar flaen tafod pawb sy'n trafod pwnc figaniaeth!

'O ble wyt ti'n cael dy brotein? Does dim protein mewn llysiau!'

Anghywir!

Mae'r syniad bod figaniaid yn denau ac yn wannach na phobl eraill yn un poblogaidd ers tro byd, ond mae pobl adnabyddus o fyd y campau fel Venus Williams, Jermain Defoe, David Haye a Lewis Hamilton yn newid y stereoteip negyddol ac yn profi nid yn unig y gall protein sy'n seiliedig ar blanhigion fagu cyhyrau cryf, ond hefyd y gall gadw figaniaid yn ddigon iach i allu rhedeg, nofio, codi pwysau a seiclo am oriau di-ri. Hyn i gyd heb ddisgyn yn farw – anhygoel, ontefe?

Ar gyfartaledd, mae'r protein sy'n cael ei argymell bob dydd tua 56 gram i ddynion, a 46 gram i fenywod. Fe all nifer o ffactorau newid hyn, yn ddibynnol ar bwysau a maint yr unigolion, a pha mor heini ydyn nhw.

Felly, ble mae'r protein?

1. **LLYSIAU** – Coeliwch neu beidio, mae llysiau gwyrdd yn llawn protein. Mewn cwpan o sbigoglys wedi'i goginio, mae 7 gram o brotein, 5.8 gram mewn dau gwpan o gêl, 7 gram mewn cwpan o bys gwyrdd a 13 gram yn yr un faint o ffa Ffrengig.

2. **LLAETH CNAU** – Mewn un cwpanaid o laeth almon neu laeth soi, mae tua 8 gram o brotein.

3. **MENYN CNAU** – Pwy sydd ddim yn hoffi menyn cnau? Boed yn fenyn almon, menyn cashiw neu fenyn cnau daear, cewch 8 gram o brotein mewn dim ond dwy lwy fwrdd.

4. *TEMPEH* – Mae dros 30 gram o brotein mewn cwpan o *tempeh*. Mae hynny'n fwy nag mewn 5 wy.

5. **CORBYS** – Mae'r opsiynau o ran beth allwch chi ei greu gyda chorbys bron yn ddiddiwedd. Mewn un cwpanaid wedi'i goginio, mae 18 gram o brotein. Ie, 18 gram, felly i ffwrdd â chi i wneud y salad corbys gwyrdd hyfryd yna (ar dudalen 78).

6. **FFA** – Mae ffa o bob math yn fendith i bob figan. Mae un cwpanaid o ffa (pinto / duon / Ffrengig) yn cynnig rhwng 13 a 15 gram o brotein a llwyth o ffibr.

Ydych chi'n dal i ofni na fyddech yn cael digon o brotein mewn diwrnod? Ffordd wych o roi hwb i'ch cymeriant protein yw ychwanegu powdr protein (fy ffefryn i yw Sunwarrior – Warrior Blend Organic (Raw Vegan) Protein – un da ar gyfer eich smwddi boreol). Mewn un dogn 25g mae 18g o brotein. Ffordd berffaith i ddechrau'r diwrnod.

BWYD ORGANIG

Rwy'n bleidiwr mawr dros fwyd organig. Y prif wahaniaeth rhwng organig ac anorganig yw bod bwydydd a chynnyrch organig yn cael eu tyfu'n gwbl naturiol, gan ddefnyddio gwrtaith naturiol sy'n deillio o blanhigion, ond caiff bwydydd sydd ddim yn organig eu tyfu gan ddefnyddio gwrtaith synthetig a phlaladdwyr. Yn ôl cyfraith Ewropeaidd, diben ffermio mewn dull organig yw lleihau'r effaith rydym ni fel bodau dynol yn ei chael ar yr amgylchedd drwy sicrhau bod y diwydiant amaethyddol yn gweithredu yn y ffordd fwyaf naturiol bosib.

Er mwyn i unrhyw fwyd gael ei ystyried a'i labelu'n organig, mae'n rhaid i'r cynnyrch fodloni rheolau'r gyfraith Ewropeaidd. Mae'r rheolau hyn yn fanwl ac yn llym er mwyn sicrhau ei bod yn bosib dilyn trywydd y bwyd o'r fferm i'r fforc, a rhoi tawelwch meddwl i bobl fel eu bod yn gwybod beth maen nhw'n ei fwyta.

Dyw creu a chynhyrchu bwyd organig ddim yn hawdd, ac mae angen llawer o waith a sylw er mwyn sicrhau cynnyrch o safon uchel sy'n gymwys ar gyfer archwiliad ac ardystiad y gyfraith Ewropeaidd. Mae hyn efallai yn esbonio pam y mae bwydydd organig ychydig yn ddrutach na bwydydd anorganig.

Mewn astudiaeth gan Brifysgol Newcastle a gafodd ei chyhoeddi yn y *British Journal of Nutrition*, fe ddangosir yn glir bod pedair gwaith yn fwy o faeth mewn bwydydd organig na bwydydd sydd ddim yn organig. Mae'r astudiaeth hon yn profi, os ydych yn newid o fwyta bwyd anorganig i fwyd organig, y

gallwch ddisgwyl cynyddu faint o faeth a gwrthocsidyddion rydych yn eu rhoi yn eich corff, yn ogystal â lleihau'r nifer o gemegau niweidiol, fel cadmiwm, metel trwm sydd i'w gael mewn pridd asidig a phlaladdwyr ac a allai fod yn beryglus i chi. Er na ddylai neb leihau faint o lysiau a ffrwythau maen nhw'n eu bwyta, yn ôl yr astudiaeth mae newid i fwyd organig yn gyfwerth â bwyta un neu ddwy siâr ychwanegol o ffrwythau a llysiau bob dydd.

Mewn ymchwil gan Lywodraeth Prydain yn 2017, canfuwyd bod yna olion plaladdwyr mewn 47% o fwyd Prydeinig. Rhwng 2011 a 2015, roedd 100% o orenau ac 86% o ellyg a gafodd eu profi yn cynnwys sawl math gwahanol o waddodion plaladdwyr.

Fe all bron i 300 o wahanol blaladdwyr gael eu defnyddio ar ffermydd anorganig. Does dim rhyfedd felly y defnyddiwyd 16,000 tunnell o blaladdwyr ar ffermydd gwledydd Prydain yn 2016. Mae hyn nid yn unig yn niweidiol i ni fel pobl, ond hefyd yn difetha bywyd gwyllt, yn llygru afonydd ac yn cael effaith negyddol ar ein hecosystemau.

Mae prynu cynnyrch organig yn un peth y gallwch chi ei wneud er mwyn ceisio gwella nid yn unig eich iechyd ond cynaliadwyedd y blaned hefyd. Mae gwneud hynny lawer yn haws bellach ac mae'r rhan fwyaf o archfarchnadoedd, os nad pob un, yn cynnig opsiynau organig.

Rwy wedi pwysleisio pwysigrwydd siopa'n lleol yn barod, ac mae nifer o siopau annibynnol ledled Cymru yn gwerthu cynnyrch organig. Rwy'n rhestru rhai o fy hoff lefydd i siopa

ar dudalen 48. Fel arfer mae'r cynnyrch yn rhydd, heb ei lapio mewn plastig, yn y siopau hyn, ac mae hynny'n rheswm arall gwych i'w cefnogi.

Mae dod o hyd i gynnyrch organig yn syml: os oes stamp y Soil Association arno, yna mae wedi pasio prawf rheolau'r gyfraith Ewropeaidd ac felly'n gwbl organig.

Os ydych yn berson sydd ddim fel arfer yn hoffi gwario llawer ar fwyd, neu yn ei gweld hi'n anodd prynu cynnyrch organig yn lleol, rwy wedi rhestru pa ffrwythau a llysiau sy'n amsugno'r lefel uchaf o gemegau o blaladdwyr a gwrtaith anorganig, a pha rai sy'n amsugno'r lleiaf, ac y mae modd eu prynu, felly, yn anorganig.

YR ENWOG *DIRTY DOZEN*

Dyma'r ffrwythau a'r llysiau y profwyd eu bod yn amsugno lefelau uchel o gemegau o bridd anorganig, ac felly y dylid ceisio'u prynu'n organig bob tro:

1. AFALAU
2. SBIGOGLYS
3. TOMATOS
4. TATWS
5. SELERI
6. GRAWNWIN
7. PUPRAU
8. NECTARINAU
9. GELLYG
10. MEFUS
11. CEIRIOS
12. EIRIN GWLANOG

Y *CLEAN 15*

Mae'r rhestr hon yn cynnwys y llysiau a'r ffrwythau sydd ddim yn amsugno cymaint o'r cemegau o'r pridd, ac felly y mae'n 'fwy diogel' i'w prynu'n anorganig:

1. AFOCADOS
2. CORBYS GWYRDD
3. PINAFALAU
4. BRESYCH
5. WINWNS
6. BROCOLI
7. CIWIS
8. PLANHIGION WY
9. MERLLYSIAU
10. BRESYCH GWYNION
11. MELONAU
12. MELONAU MÊL
13. MANGOAU
14. PAPAIAS
15. PYS

BWYTA'N DYMHOROL

Mae bwyta'n dymhorol a siopa'n lleol am gynhwysion organig yn bwysig iawn i mi, a dyna pam mae'r holl ryseitiau yn y gyfrol hon yn driw i'r pedwar tymor: yr haf, y gwanwyn, yr hydref a'r gaeaf. Rwy wedi cynnwys llysiau a ffrwythau sy'n tyfu yn y tymhorau hyn er mwyn ei gwneud hi'n hawdd i chi siopa'n dymhorol a dod o hyd i'r cynnyrch angenrheidiol ar gyfer y gwahanol ryseitiau.

Mae bwyta yn y ffordd hon yn ein galluogi i gysylltu â natur, a phatrwm naturiol natur. Wrth gymryd cipolwg agosach ar ba fwydydd sy'n tyfu ar ba adeg, fe fyddwn yn sylweddoli bod natur yn darparu'r hyn rydym ei angen ar yr adeg rydym ei angen. Yn yr haf, cynhwysion salad sy'n tyfu yn bennaf, sy'n berffaith er mwyn helpu i gadw ein cyrff yn oerach pan mae'r tywydd yn boeth. Llysiau sy'n amsugno llawer o ddŵr o'r tir, megis moron, cennin a bresych, sy'n tyfu yn y gaeaf, gan helpu'r tir i ymdopi â chyfnodau gwlyb. Maen nhw hefyd yn gynhwysion perffaith ar gyfer prydau blasus i'n cadw'n gynnes mewn tywydd oer.

Dyw hyn ddim yn golygu bod yn rhaid i chi fod yn obsesiynol neu'n orgaled arnoch chi eich hun o ran beth rydych yn ei fwyta ac ar ba adeg. Yn amlwg, mae'n anodd dod o hyd i bopeth rydym ei angen yn lleol am ei bod bron yn amhosib i rai llysiau, ffrwythau ac ambell gynnyrch arall dyfu yn ein gwlad ni (bananas, afocados, coffi ac ati). Mae cyflwyno'r rheol 80:20, sef prynu 80% o'ch bwyd yn dymhorol, yn lleol a heb ei brosesu, a'r 20% arall yn fwydydd mwy ecsotig, sy'n tyfu dramor neu'n 'ddanteithion', yn fan cychwyn gwych i'ch rhoi ar ben ffordd.

BWYTA'N YMWYBODOL

Am fod ein bywydau'n brysur ac fel petaent yn mynd yn brysurach bob dydd, rydym yn aml yn cael ein hunain yn rhuthro drwy bob tasg, heb stopio i feddwl, arafu a chymryd sylw o sut rydym yn teimlo. Fe all yr effaith mae prysurdeb ein bywydau yn ei chael ar ein system nerfol fod yn niweidiol iawn.

Pan ydym yn rhuthro o amgylch y lle, yn hwyr i'r gwaith neu i gyfarfod pwysig, rydym yn teimlo o dan fygythiad ac mae ein system nerfol sympathetig yn cael ei rhoi ar waith ac, o ganlyniad, cawn ein gorfodi i ymateb trwy ymladd neu ffoi. Nid yw'r corff yn gallu gweld y gwahaniaeth rhwng un dirboenwr a'r llall. Felly, boed chi'n wynebu teigr neu arth lwglyd sydd yn eich ffansïo fel ei phryd nesaf o fwyd, neu'n rhedeg yn hwyr ar gyfer cyfarfod hollbwysig, yr un yw'r ffordd mae'r corff yn ymateb. Mae'n newid i stad oroesi, ac yn rhyddhau cortisol, hormon sy'n cael ei ryddhau pan mae rhywun dan straen, ac adrenalin i'r gwaed sy'n gweithio'u ffordd drwy holl wythiennau'r corff, i lawr i'ch coesau ac ar hyd eich breichiau er mwyn eich paratoi i gwrdd â'r perygl ar ei ben, i ymladd neu i ffoi.

Yn aml, mae pobl yn bwyta prydau tra bo'r corff yn ceisio delio â'r cyflwr hwn. Mae'n hanfodol ein bod yn cymryd ein hamser wrth fwyta, gan arafu'r meddwl a cheisio rhoi cyfle i'r corff fod yn y stad orau bosib i dreulio'r bwyd. Tra bo'r corff yn y stad 'ymladd neu ffoi', mae'r cortisol sy'n cael ei ryddhau yn ymyrryd â'r system dreulio mewn sawl ffordd.

Am fod y corff yn meddwl bod angen llosgi llawer o egni, mae'n chwilio am galorïau ychwanegol i wneud yn siŵr bod digon yn y tanc. Mae'n hawdd iawn dyheu am fwydydd llawn siwgr, â lefelau carbohydrad uchel, pan mae'r corff yn y cyflwr hwn.

O ganlyniad, bydd unrhyw galorïau rydych yn eu bwyta yn cael eu storio fel egni ar gyfer y 'frwydr fawr' mae'r corff yn paratoi amdani, a does dim gobaith y bydd y celloedd braster yn gollwng gafael ar eu llwythi gwerthfawr! Felly, po fwyaf o straen rydych chi odani, mwyaf o galorïau ac egni y bydd eich corff am eu storio, ac mae'n hawdd dychmygu beth fydd yn digwydd nesaf.

Felly, y tro nesaf rydych yn paratoi i fwyta 'ar y go', cymerwch hoe fach o'r amserlen brysur i fwynhau'r pryd bwyd. Mae'n amhosib i'n corff dreulio bwyd yn gywir os ydym yn rhoi straen arno. Arafwch, cymerwch eich amser a byddwch yn ymwybodol o'r hyn rydych yn ei wneud.

Fe fydda i'n defnyddio cwpwl o ddulliau i fy helpu i arafu a bod yn fwy ymwybodol wrth fwyta, fel bod fy nghorff yn ymlacio digon i allu treulio'r bwyd yn iawn ac er mwyn fy helpu i deimlo'n egnïol ar ôl bwyta.

1. CNOI

Mae pawb yn gwybod y dylen ni gnoi'n bwyd yn gywir, ond faint ohonom ni sy'n gwneud hynny'n iawn? Dechreuwch dalu sylw i'r ffordd rydych yn bwyta ac yn cnoi. Efallai y gwnewch chi sylweddoli nad ydych chi prin yn cnoi dim ar y bwyd, dim ond yn ei lyncu'n gyflym heb ei dorri yn ddigon mân. Er mwyn rhoi'r cyfle gorau i'r corff ei dreulio, mae'n rhaid iddo fod mor fach â phosib. Rwy hyd yn oed wedi dechrau mynd i'r arfer o gnoi smwddi neu sudd er mwyn gwneud yn siŵr bod fy nghorff yn effro i'w dreulio. Nid diod yw smwddi, ond bwyd sy'n edrych fel diod, felly mae angen i chi gnoi am mai dyna'r cam cyntaf wrth ddechrau'r broses dreulio. Heb wneud hynny, efallai na fydd eich corff yn rhyddhau'r ensymau treulio angenrheidiol.

2. ARAFU

Yn ôl y deietegydd Joanne V. Lichten, Ph.D., mae'n cymryd tua 20 munud ar ôl i ni ddechrau bwyta i'r neges sy'n dweud wrthym ein bod yn llawn ffurfio a chyrraedd ein hymennydd. Drwy fwyta'n ymwybodol ac yn araf, gallwn osgoi gorfwyta a sicrhau nad ydym ond yn cael faint o fwyd sydd ei angen arnom.

Rwy'n annog pob un i osod sialens iddyn nhw eu hunain, ac i'w teulu a'u ffrindiau, i wneud defnydd o'r bwrdd bwyd unwaith eto. Gwnewch yn siŵr eich bod yn gwahardd ffonau symudol, tabledi a'r teledu, a sicrhewch fod pawb yn dod at ei gilydd i siarad a thrafod wrth fwyta. Dyma esgus gwych i arafu, cymryd eich amser wrth gnoi, a rhoi'r amser mae eich corff ei angen i dreulio'r bwyd yn gywir a gyrru signal i'ch ymennydd i ddweud eich bod yn llawn.

3. GWRANDO

Yn aml, rydym yn bwyta pan mae ein meddwl yn dweud wrthym am fwyta, yn lle gwrando ar beth yn union sydd ei angen ar ein cyrff. Rydym yn gwneud penderfyniadau wedi'u seilio ar ein hemosiynau hefyd, ac yn bwyta i'n cysuro'n hunain pan ydym yn teimlo'n unig, yn drist, yn rhwystredig neu'n ddiflas. Os gallwn ni wrando ar sut rydym yn teimlo a gwneud penderfyniadau sydd o fudd i'n cyrff, yna mae hynny'n ffordd wych o osgoi bwyta sothach a bwyd sydd, yn y pen draw, yn mynd i wneud i ni deimlo'n waeth.

Dim ond chi sy'n adnabod eich corff, yn gwybod yn union pa fwydydd sy'n gwneud i chi deimlo fel petaech wedi blino ac eisiau cysgu, neu'n achosi camdreuliad, a pha rai sy'n gwneud i chi deimlo'n llawn am oriau. Mae ein cyrff yn gwybod beth maen nhw ei angen, ac mae'r arwyddion yno i'w dilyn. Gwrandewch ar eich corff, edrychwch am yr arwyddion i weld sut mae'n ymateb i wahanol fwydydd. Fe allwch hyd yn oed nodi'r bwydydd sy'n gwneud i chi deimlo'n wael mewn llyfr, er mwyn eich helpu i'w hosgoi yn y dyfodol.

IOGA

Cyn astudio ioga, roeddwn yn meddwl amdano fel ffordd arall o gadw'n heini. Dim ond pan ddechreuais i astudio i fod yn athrawes y deallais ei wir ystyr a'i fod yn rhywbeth a ddylai gael ei ymarfer bob dydd, trwy gydol y dydd ac nid ar y mat yn unig.

Cyflwynodd fy athrawes ioga, Kalavathi Devi, lyfr Maharishi Patanjali i mi, sef *The Yoga Sutras of Patanjali*. Yn y gyfrol hon, fe allwch ddod o hyd i'r 'eightfold path' sy'n cynnwys cyngor a chamau ynglŷn â sut i fyw bywyd moesol. Er bod y llyfr hwn wedi cael ei ysgrifennu filoedd o flynyddoedd yn ôl, mae'r wybodaeth ynddo yr un mor berthnasol heddiw ag erioed ac yn ein helpu i ddeall bod ioga a'r ffordd *yogic* o fyw yn ymarfer meddyliol yn ogystal ag un corfforol.

Tarddiad y term 'ioga' yw'r gair Sanskrit 'yuj', sy'n golygu 'ymuno' neu 'uno'. Felly, gwir ystyr ioga yw 'uno yn gyfan gwbl heb wahaniaethau' ('a total blending together without differentiations'). Trwy ddeall a dilyn ioga fel ffordd o fyw, rwy wedi gallu cyfuno holl agweddau fy mywyd er mwyn dod o hyd i'r cydbwysedd a'r hapusrwydd oedd ar goll cynt.

Mae astudio a deall mwy am ioga wedi fy helpu i gysylltu â fy ochr ysbrydol, ac wedi ymestyn fy ngwelediath o ran pa mor bwysig yw hi i fyw bywyd moesol a charedig. Yn ogystal â hyn, dysgais am bwysigrwydd technegau anadlu a chanolbwyntio ar ein hanadl fel ffordd o allu rheoli ein hemosiynau. Mae ymarfer ioga yn gyson a chanolbwyntio ar fy anadl, drwy ddilyn technegau Pranayama, wedi hybu fy hyder a gwella fy iechyd, ac mae wedi bod yn

ddyfais allweddol i reoli fy emosiynau a dod o hyd i'r tawelwch sydd ei angen pan mae bywyd yn brysur.

Rwy wedi rhestru rhai o fy hoff ymarferion Pranayama, a dau ymarfer Asana, sef ystumiau a fydd yn eich helpu i gael gwared ar unrhyw densiwn yn y corff. Fe allai ymarfer y pethau hyn yn ddyddiol, neu o leiaf dair gwaith yr wythnos, gael effaith bositif iawn nid yn unig ar eich iechyd corfforol, ond yn feddyliol hefyd.

PRANAYAMA

Y ffordd fwyaf effeithiol o gysylltu â'n cyrff yw trwy anadlu. Mae arafu a defnyddio technegau anadlu yn helpu i ddaearu ein system nerfol, newid y ffordd rydym yn teimlo, cynyddu ein lefelau egni, a ffocysu er mwyn tawelu poen a straen feddyliol a chorfforol.

Mae'r rhan fwyaf ohonom yn anadlu o'r frest yn unig ac, o ganlyniad, nid oes digon o ocsigen yn dod i mewn i'r corff er mwyn bywiogi'r system nerfol. Mae'r rhan fwyaf o glefydau cronig yn gysylltiedig â'r ffordd rydym yn anadlu. Drwy anadlu'n gywir, mae modd rhwystro neu leihau'r clefydau hyn.

Drwy anadlu'n ddwfn ac yn araf, byddwn yn llenwi pob rhan o'r ysgyfaint ag ocsigen. Mae'r ysgyfaint yn gyfrifol am gyfnewid nwyon – nid yn unig cyflenwi'n cyrff ag ocsigen wrth i ni anadlu i mewn, ond hefyd gael gwared â charbon deuocsid wrth i ni anadlu allan. Mae gennym ddwy ysgyfaint, un bob ochr i'r frest, a chaiff y ddwy eu cysylltu â'r galon gan bibellau gwaed. Wrth dderbyn gwaed gan y galon drwy'r pibellau hyn, bydd yna gyfnewid a bydd ocsigen yn cael ei gario yn ôl i'r galon, ac yna ei rannu o amgylch y corff drwy'r arterïau. Drwy anadlu'n ddwfn, rydym yn cynyddu lefel yr ocsigen sy'n mynd i mewn i'r corff, ac sydd yn y pen draw yn helpu'r galon i arafu, yn cadw'r corff yn iach ac yn cynnig y cyfle gorau iddo frwydro yn erbyn afiechydon a rhoi mwy o egni i ni.

Mae'r broses heneiddio yn digwydd oherwydd bod faint o ocsigen mae'r corff yn ei dderbyn yn gostwng; felly, os nad yw hynny'n ddigon o reswm i ddechrau ymarfer anadlu ac i ffocysu ar yr anadl, dydw i ddim yn gwybod beth sydd!

VAJRA ASANA

Rwy'n hoff iawn o ddechrau ymarferion anadlu yn safle Vajra Asana am ei fod yn ein galluogi ni i ganolbwyntio ar bob rhan o'r ysgyfaint drwy sicrhau ein bod yn eistedd â chefn syth.

I ymarfer Vajra Asana eisteddwch gyda'ch sodlau o dan eich pen ôl. Gwnewch yn siŵr bod y sodlau yn aros gyda'i gilydd a bod y pen, yr ysgwyddau, y cefn a'r pen ôl mewn un llinell syth. Ymlaciwch y dwylo gyda chledrau'r ddwy law ar eich cluniau.

SUKHA PURVAKA PRANAYAMA

Ystyr y gair 'Sukha' yw 'dymunol' neu 'braf', ac ystyr 'Purvaka' yw 'cyfnod' neu 'adeg' y mae'n rhaid ei gwblhau cyn symud ymlaen at rywbeth anoddach. Felly, mae Sukha Purvaka Pranayama yn disgrifio'r ymarfer hwn yn berffaith, sef ymarfer anadlu syml a ddylai gael ei feistroli cyn symud ymlaen at ymarfer unrhyw dechnegau anadlu eraill.

Yn y Pranayama hwn rydym yn anadlu i mewn yn araf am 6 eiliad, ac yna'n anadlu allan yn araf am 6 eiliad a hynny trwy'r trwyn yn unig. Os ydy hynny'n anodd, yna ceisiwch ddechrau gyda 4 eiliad a gweithio'ch ffordd i fyny yn araf bach at 6 eiliad. Fe ddylai ddod yn haws i chi ar ôl cwpwl o ymarferion.

1. Eisteddwch mewn Vajra Asana er mwyn cadw'r cefn yn syth.
2. Caewch eich llygaid a chanolbwyntio ar anadlu i mewn trwy'r trwyn am 6 eiliad ac anadlu allan trwy'r trwyn am 6 eiliad.
3. Daliwch ati i ffocysu ar arafu'r anadl. Os ydy eich meddwl yn crwydro, ceisiwch ddod yn ôl i ffocysu ar yr hyn rydych yn ei wneud.
4. Anadlwch i mewn ac allan am o leiaf 6 rownd cyn agor eich llygaid a mynd yn ôl i anadlu'n naturiol.
5. Fe allwch orwedd i lawr mewn Shava Asana (gorwedd ar eich cefn, a'ch coesau'n syth, eich dwylo i lawr wrth eich ochr a chledrau eich dwylo yn wynebu i fyny) am gwpwl o funudau, er mwyn ymlacio a sylwi ar sut rydych yn teimlo.

VIBHAGA PRANAYAMA

Am ein bod fel arfer yn anadlu i mewn i un rhan o'r ysgyfaint yn unig, mae'r dechneg Vibhaga Pranayama, sef 'sectional breathing', yn ein galluogi i gywiro'r ffordd rydym yn anadlu drwy ymarfer defnyddio tair rhan wahanol yr ysgyfaint, un ar y tro. Y tair rhan hyn yw'r rhan abdomenol, y frest a'r rhan uwchglafiglaidd.

Yn Sanskrit, mae'r rhannau hyn yn cael eu disgrifio fel Adham, y rhan isaf, Madhyam, y rhan ganolog lle mae'r frest, ac Adhyam, y rhan uwchglafiglaidd. Drwy weithio ar y rhannau hyn o'r ysgyfaint yn unigol, fe allwn weld yn glir i ba rannau o'r ysgyfaint y mae hawsaf i ni, fel unigolion, anadlu i mewn, ac i ba rannau rydym yn ei chael hi'n anodd gwneud hynny. Mae ymarfer Vibhaga Pranayama hefyd yn gyfle ardderchog i gryfhau rhannau gwahanol o'r ysgyfaint er mwyn ein galluogi i facsimeiddio'r lefelau ocsigen y gallwn eu hamsugno i'r corff.

ADHAM PRANAYAMA

Adham Pranayama yw'r ymarfer sy'n ffocysu ar ddefnyddio'r rhan isaf o'r ysgyfaint, sef y rhan abdomenol. Yn anaml mae menywod yn anadlu i'r rhan hon o'r ysgyfaint, ac o ganlyniad rydym yn gallu dioddef sawl symtom – er enghraifft, mislif trwm, poenus neu ansefydlog, gwythiennau chwyddedig yn y coesau, atal dŵr yn y ffêr neu'r pen-glin ac ati.

Er mwyn eich helpu i ffocysu ar y rhan hon, fe allwch ddefnyddio *mudra*, sef ystum llaw sydd yn anfon arwydd o nerfau eich bysedd i'ch ymennydd er mwyn i'r corff wybod lle dylai'r anadl fynd. Mae'r *mudras* yn hynod effeithiol ac yn aml yn achosi i fy mhen ffrwydro!

Y *mudra* sy'n cyd-fynd ag anadlu i mewn i'r rhan abdomenol yw Chin Mudra. Gweler y llun.

1. Eisteddwch mewn Vajra Asana er mwyn cadw'r cefn yn syth.
2. Rhowch fys bawd eich llaw dde a'ch mynegfys gyda'i gilydd a ffurfio siâp cylch. Sythwch y tri bys arall, a gwnewch yr un peth gyda'ch llaw arall.
3. Rhowch eich dwylo i lawr ar eich côl â chledr eich llaw yn wynebu i lawr.
4. Trowch eich dwylo i mewn ychydig tuag at y corff gan wneud yn siŵr bod y bawd a'r mynegfys mewn siâp cylch perffaith.
5. Unwaith mae'r dwylo mewn Chin Mudra, caewch eich llygaid a ffocysu ar yr anadl yn cyrraedd y rhan isaf o'r ysgyfaint, sef y rhan lle mae gwaelod y diaffram yn cyfarfod top y bol. Byddwch yn teimlo top y bol yn ymestyn, a thu allan y rhan isaf o'r asennau yr holl ffordd rownd i ganol y cefn. Dylai eich brest fod yn hollol lonydd.
6. Anadlwch i mewn yn araf trwy'r trwyn am 6 eiliad, ac allan trwy'r trwyn am 6 eiliad ac ailadrodd hynny am o leiaf 6–9 rownd.
7. Fe allwch orwedd i lawr mewn Shava Asana i ymlacio am gwpwl o funudau a sylwi ar sut rydych yn teimlo.

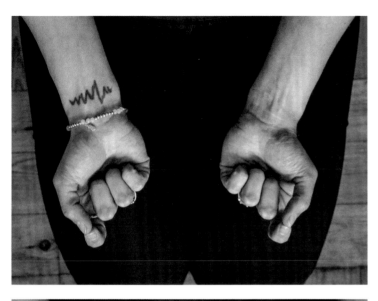

MADHYAM PRANAYAMA

Mae Madhyam Pranayama yn ffocysu ar anadlu i ganol yr ysgyfaint. Mae menywod fel arfer yn ei chael hi'n haws na dynion i anadlu i'r rhan hon o'r ysgyfaint. Oherwydd hyn, mae dynion yn dueddol o ddioddef clefyd y galon yn amlach na menywod.

Y *mudra* sy'n cyd-fynd â'r ymarfer hwn yw Chin Maya Mudra. Ceir enghraifft yn y llun. Mae Chin Maya Mudra yn debyg iawn i Chin Mudra ond sylwch fod y tri bys wedi'u plygu i mewn tuag at gledrau'r dwylo.

1. Eisteddwch mewn Vajra Asana er mwyn cadw'r cefn yn syth.
2. Rhowch eich dwylo mewn Chin Maya Mudra a'u hymlacio ar eich côl â chledr y llaw yn wynebu i lawr. Symudwch y dwylo ychydig bach yn agosach at y corff.
3. Caewch eich llygaid a ffocysu ar yr anadl yn llenwi canol y frest, y rhan o dan y ceseiliau a chefn yr asennau, ychydig o dan lafnau'r ysgwyddau.
4. Anadlwch i mewn yn araf trwy'r trwyn am 6 eiliad, ac allan trwy'r trwyn am 6 eiliad ac ailadrodd hynny am o leiaf 6–9 rownd.
5. Fe allwch orwedd i lawr mewn Shava Asana i ymlacio am gwpwl o funudau a sylwi ar sut rydych yn teimlo.

ADHYAM PRANAYAMA

Mae Adhyam Pranayama yn ffocysu ar anadlu â rhan uchaf yr ysgyfaint. Y *mudra* sy'n cyd-fynd â'r ymarfer hwn yw'r Adhi Mudra lle mae'r bawd yn gorwedd yng nghledr eich llaw, gyda'r pedwar bys yn gorwedd dros y bawd. Gweler y llun.

1. Eisteddwch mewn Vajra Asana er mwyn cadw'r cefn yn syth.
2. Rhowch eich dwylo mewn Adhi Mudra a gadael iddynt ymlacio ar eich côl gan symud y dwylo i mewn ychydig bach yn agosach at y corff.
3. Caewch eich llygaid a ffocysu ar yr anadl yn mynd i mewn i ran uwchglafiglaidd yr ysgyfaint, sef y rhan uchaf o'r frest o dan bont yr ysgwydd, yn union o dan y ceseiliau a rhan uchaf cefn eich ysgwyddau.
4. Anadlwch i mewn yn araf trwy'r trwyn am 6 eiliad, ac allan trwy'r trwyn am 6 eiliad ac ailadrodd hynny am o leiaf 6–9 rownd.
5. Fe allwch orwedd i lawr mewn Shava Asana i ymlacio am gwpwl o funudau a sylwi ar sut rydych yn teimlo.

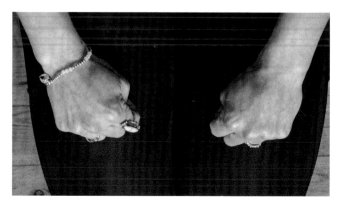

MAHAT YOGA PRANAYAMA

Ar ôl i chi ymarfer anadlu i mewn i rannau isaf, canolog ac uchaf yr ysgyfaint, fe allwch symud ymlaen i ymarfer anadlu gan ddefnyddio'r tair rhan hyn ar yr un pryd (Mahat Yoga Pranayama) a hynny drwy ddefnyddio'r *mudra* Brahma Mudra. Mae Brahma Mudra yn debyg iawn i Adhi Mudra lle mae'r bawd yn gorwedd yng nghledr eich llaw, a'r pedwar bys yn gorwedd dros y bawd. Yn lle ymlacio gyda'ch dwylo ar eich côl, fe ddylech gysylltu cymalau'r bysedd gyda'i gilydd a dal cledrau'r dwylo i fyny o flaen eich botwm bol. Gweler y llun.

1. Eisteddwch mewn Vajra Asana er mwyn cadw'r cefn yn syth.
2. Rhowch eich dwylo mewn Brahma Mudra a gadael iddynt ymlacio o flaen eich botwm bol.
3. Caewch eich llygaid a ffocysu ar yr anadl yn mynd i mewn i rannau isaf, canolog ac uwch yr ysgyfaint, ac anadlu allan gan ddilyn yr un patrwm: o'r rhan isaf i rannau canolog ac uwch yr ysgyfaint.
4. Anadlwch i mewn yn araf trwy'r trwyn am 6 eiliad, ac allan trwy'r trwyn am 6 eiliad ac ailadrodd y patrwm hwn o leiaf 6 gwaith.
5. Fe allwch ddewis gorwedd i lawr mewn Shava Asana i ymlacio am gwpwl o funudau gan sylwi ar sut rydych yn teimlo.

ASANA

VAKRA ASANA

Mae yna sawl ffordd o ymarfer 'troell y cefn', ond fy ffefryn i yw Vakra Asana. Mae'r ymestyniad hwn yn un ardderchog i'w wneud bob dydd er mwyn cael gwared ar densiwn ar hyd y cefn, ac mae hefyd yn ffordd wych o leddfu poen mislif, poen cefn a meigryn.

1. Eisteddwch â'ch coes chwith wedi'i hymestyn yn syth o'ch blaen. Codwch eich troed dde a'i rhoi ar ochr allanol y pen-glin chwith gan anelu'r pen-glin dde yn syth i fyny at yr awyr. Rhowch eich braich chwith ar ochr allanol y ben-glin dde, yna ymestyn y llaw dde y tu ôl i chi. Anadlwch i mewn yn ddwfn. Yna, wrth anadlu allan, trowch y cefn yn ysgafn i'r dde gan edrych yn ôl dros eich ysgwydd dde. Byddwch yn teimlo'r cefn yn ymestyn.
2. Anadlwch yn ddwfn ychydig o weithiau gan ddal yr Asana ac ymlacio yn fwy i'r ymestyniad.
3. Cymerwch gwpwl o eiliadau i ymestyn yn ôl yn syth, yna ailadrodd y symudiad ar yr ochr arall.
4. Fe allwch orwedd i lawr mewn Shava Asana i ymlacio am gwpwl o funudau a sylwi ar sut rydych yn teimlo.
5. Chatus Pada Asana a Vyaghrah Pranayama.

Mae'r Asana hwn yn ffordd ardderchog o gysylltu'r corff â'r anadl, a gweithio pob rhan o'r ysgyfaint. Mae'n ymarfer anhygoel am ei fod yn cael gwared ar unrhyw densiwn ac yn cryfhau cyhyrau'r cefn.

1. Gan ddechrau mewn Vajra Asana, codwch i fod ar eich pedwar â'ch dwylo o dan eich ysgwyddau tua lled ysgwydd ar wahân a'ch pengliniau gyda'i gilydd o dan eich cluniau.
2. Mewn un symudiad, anadlwch i mewn yn ddwfn trwy'r trwyn, gadewch i'ch abdomen ostwng tua'r llawr a chodwch eich pen ac edrych i fyny tua'r nenfwd.
3. Anadlwch allan gan godi canol eich cefn mor uchel ag sy'n bosib, mewn siâp bwa, a gostwng y pen rhwng y breichiau gan ddod â'ch gên i gyfeiriad eich brest.
4. Dylech ailadrodd y patrwm hwn tua 6 gwaith cyn mynd yn ôl i eistedd mewn Vajra Asana neu Shava Asana ac ymlacio.

DEFODAU

Mae creu a dilyn defodau yn rhan fawr o fy mywyd erbyn hyn. Rwy wastad wedi bod yn berson sy'n dueddol o wneud pethau'n glou: cerdded yn glou, coginio yn glou, golchi fy ngwyneb yn glou...! Er efallai nad ydych yn sylweddoli hynny ar y pryd, mae rasio o gwmpas y lle yn gyflym, gan fynd o un dasg i'r llall, yn rhoi pwysau mawr ar eich iechyd ac yn gallu achosi sawl salwch fel salwch meddwl ac iselder.

Trwy ddilyn ac ymarfer y defodau hyn, rydych yn cynnig y cyfle i chi'ch hun fod yn fwy ymwybodol o'ch teimladau a'r hyn sy'n digwydd o'ch cwmpas. Yn lle rhuthro yn y gawod, er enghraifft, arafwch, cymerwch eich amser a mwynhewch bob eiliad ohono gan ganolbwyntio eich sylw ar y funud honno.

Fe all ymarfer defodau fel hyn yn y bore, cyn mynd i'r gwely, neu hyd yn oed gwpwl o weithiau yn ystod y dydd, newid y ffordd rydych yn teimlo o fewn ychydig eiliadau. Defodau yw'r ffordd orau o fod yn garedig â chi'ch hun a chreu amser haeddiannol i roi eich hun yn gyntaf.

Ar y tudalennau nesaf, mae fy hoff ddefodau. Maen nhw i gyd yn syml iawn ac yn hawdd eu hymarfer.

CREU TE LLYSIEUOL WEDI'I DRWYTHO

Ym mhob tymor rwy'n cynnig gwahanol ryseitiau, pob un â'i nodweddion llesol ei hun, a hynny i'ch helpu â'r symtomau rydym fel arfer yn eu teimlo pan mae'r tymhorau'n newid. Mae'r weithred o wneud y te a'r broses o'i drwytho yn un therapiwtig iawn, ac mae'r amser rydym yn ei gymryd i'w yfed yn ein galluogi i arafu a mwynhau'r ffaith ein bod yn bwydo ein corff a'n meddwl â'r daioni sydd yn y te.

Mae creu te llysieuol wedi'i drwytho yn wahanol iawn i greu te llysieuol arferol (gyda bag te). Mae angen amynedd a gofal ond mae hi'n broses hynod o hawdd a gwerthfawr.

Mae te llysieuol yn cynnwys llawer iawn o galsiwm, mineralau, fitaminau, asid brasterog hanfodol a phroteinau a'r rheini yn eu dulliau mwyaf naturiol. Mae hefyd yn cynnwys gwrthocsidyddion, nodweddion gwrth-ganser a maetholion. Mae hyn yn galluogi'r corff i greu esgyrn iach, cynnal y system imiwnedd, gostegu'r system nerfol, sefydlogi siwgr y gwaed, gwella treuliad a llawer, llawer mwy! O'i gymharu ag atchwanegiadau, mae te llysieuol wedi'i drwytho yn llawer mwy effeithiol oherwydd y ffordd mae'r corff yn ei dreulio ac yn amsugno'r mineralau.

Yn ogystal â bod yn rhad i'w wneud, mae'r rhestr o'r nodweddion llesol sydd iddo yn un helaeth. Dyma ambell esiampl o sut y gall yfed y te hwn dros gyfnod o amser fod o fudd i chi:

- Gwella poen meddwl
- Cynnal cydbwysedd hormonaidd
- Atal anffrwythlondeb
- Helpu â chlefyd y siwgr
- Gwella ecsema
- Cynyddu lefelau egni
- Helpu i reoli pwysau gwaed

Mae gwyddonwyr wedi profi ei bod fel arfer yn cymryd tua 4 awr i lefelau uchel o fineralau o'r perlysiau gael eu trosglwyddo i'r dŵr, ac 8 awr i wreiddiau ryddhau'r un lefelau. Er enghraifft, os ydych yn gwneud cwpanaid o de danadl, fe fydd tua 5–10mg o galsiwm wedi'i drosglwyddo o fewn 10 munud, ond os ydych yn creu te llysieuol danadl wedi'i drwytho a'i adael am 4 awr, fe fydd tua 200mg o galsiwm wedi ei drosglwyddo. Fe ellir ei yfed yn oer neu fe allwch ei aildwymo.

Rwy'n gobeithio y bydd y ryseitiau yn y llyfr hwn yn dod â llawer o bleser i chi, nid yn unig wrth eu hyfed ond hefyd yn ystod y broses greu, ac y byddan nhw'n cael effaith fuddiol ar eich lles yn gyffredinol.

MYFYRDOD ACTIF

Mae ymarferion myfyrio yn anodd i rai pobl, ac maen nhw'n teimlo'n gwbl anghyfforddus â'r syniad o eistedd i lawr a chanolbwyntio ar ddim byd ond anadlu. Nid ydym wedi arfer ag eistedd yn llonydd yn gwneud dim byd am 5–10 munud, a phwy all weld bai arnom pan mae cymaint o bethau i'w gwneud mewn diwrnod a chymaint o bethau i dynnu ein sylw?

Dyma pam rwy eisiau eich cyflwyno i fyfyrdod actif. Mae myfyrdod actif yn hollol wahanol i'r ymarferion mwyaf amlwg, y rhai sy'n cael eu defnyddio amlaf, ac nid oes llawer o bobl yn ymwybodol ohono. Mae'n ymarfer sy'n addas i'r bywydau modern, prysur mae'r rhan fwyaf ohonom yn eu byw am ei fod yn ein hannog i ddod o hyd i adegau tawel pan nad ydym yn rhuthro o un sefyllfa i'r llall.

Mae'n ymarfer y gallwch ei wneud yn unrhyw le: yn y car wrth yrru, mewn swyddfa brysur, wrth edrych ar y teledu, neu hyd yn oed allan yn cymdeithasu. Dod o hyd i gwpwl o funudau yn ystod y dydd lle rydych yn 'bresennol' ac yn ymwybodol o'ch anadlu yw'r unig gyfarwyddyd sydd angen ei ddilyn – dyna'n union yw'r weithred o ymarfer myfyrdod actif.

Mae hon yn ddefod anhygoel y gellid ei chyflwyno i'ch bywydau prysur bob dydd. Oedwch am gwpwl o funudau yn ystod y dydd a cheisio bod yn bresennol ac yn ymwybodol o'ch anadl. Anadlwch i mewn yn araf trwy'r trwyn am 6 eiliad ac anadlu allan trwy'r trwyn am 6 eiliad. Fe allwch ailadrodd hyn 6 i 9 gwaith.

DYDDIADUR

Fe all ysgrifennu am eich teimladau gael effaith hynod o bositif ar y ffordd rydych yn teimlo. Buddsoddwch mewn llyfr prydferth ac fe fyddwch yn edrych ymlaen at ysgrifennu ynddo. Gwnewch amser y peth cyntaf yn y bore neu'r peth olaf yn y nos i ysgrifennu am eich teimladau a'r pethau sydd ar eich meddwl.

Dechreuwch drwy gael hoe fach am ychydig funudau a pheidiwch â barnu beth rydych yn ei ysgrifennu. Gadewch i'r geiriau lifo.

Os nad ydych yn hoffi'r syniad o ysgrifennu am eich teimladau, beth am dreulio 2 funud neu hyd yn oed cwpwl o eiliadau yn rhestru'r pethau rydych yn ddiolchgar amdanyn nhw.

GWASTRAFF ISEL NEU 'DDIM GWASTRAFF'

Rwy wedi sôn yn fras yn barod am sut mae rhaglenni dogfen wedi ysbrydoli pobl i newid eu ffordd o fyw. Dwy raglen ddogfen sydd wedi cael dylanwad mawr arna i yw *A Plastic Ocean* a *Trashed*, sy'n datgelu effaith plastig ar ein moroedd, a pha mor niweidiol yw gwastraff i'n planed yn gyffredinol.

Ers rhai blynyddoedd bellach, mae Cymru wedi bod ymhell ar y blaen o ran canran y gwastraff sy'n cael ei ailgylchu. Ers 2012, rydym wedi bod yn ailgylchu dros 50% o'n gwastraff, ac yn y blynyddoedd diwethaf mae hynny wedi codi i 60%, tra bo gwledydd eraill y Deyrnas Unedig yn dal heb gyrraedd 50%. Rwy'n falch iawn bod Llywodraeth Cymru yn gosod targedau uchel ac yn gweithio'n galed i sicrhau cynllun 'Dim Gwastraff' ar gyfer y dyfodol.

Pan ddechreuais i newid fy ffordd o fyw ac ymchwilio i ffyrdd gwahanol o allu lleihau faint o wastraff roeddwn yn ei greu, roedd hi'n llawer anoddach nag yw hi nawr am nad oedd y pwnc yn un oedd yn cael ei drafod ar y pryd. Roedd hi'n anodd dod o hyd i siopau oedd yn gwerthu cynnyrch rhydd, ond erbyn hyn mae nifer o siopau ar hyd y wlad yn cynnig ffrwythau a llysiau rhydd ac yn annog pobl i ddefnyddio bagiau diblastig wrth siopa.

Gyda chamau bach, rwy wedi ffeindio ffordd o siopa sy'n creu cyn lleied o wastraff â phosib ac rwy'n awyddus i rannu'r awgrymiadau â chi i ddangos pa mor hawdd a hwylus yw siopa yn y ffordd hon.

Mae'n rhaid i mi bwysleisio unwaith eto, fel rwy wedi ei wneud yn gynharach yn y gyfrol, nad bod 'yn berffaith' yw nod gwastraff isel. Mae'r term 'dim gwastraff' wedi cael enw drwg am fod y syniad o fyw yn gwbl ddiwastraff yn ymddangos yn amhosib. Dyna pam mae'r term 'gwastraff isel' yn fwy addas, sef y ffordd rwy'n ceisio annog pawb i'w dilyn. Dyw hi ddim yn bosib peidio â chreu unrhyw wastraff o gwbwl, ond y penderfyniadau rydych yn eu gwneud pan mae hi'n bosib yw'r rhai pwysicaf.

Felly, dyma ychydig o bethau y gallwch chi eu gwneud er mwyn helpu'ch hun i fyw bywyd 'gwastraff isel':

1) Cario bagiau cotwm i bob man: yn y car, yn eich bag, poced eich cot, neu unrhyw le sy'n mynd i fod yn help i osgoi defnyddio bagiau plastig. Dyma ffordd wych o fod yn fwy caredig i'r blaned, a gwell byth, i'ch poced, gan arbed 10c bob tro fyddwch chi ddim yn prynu bag plastig.

2) Yn yr un ffordd ag y mae cadw bagiau cotwm wrth law yn gallu arbed arian i chi, gall buddsoddi mewn cwpan coffi ailddefnyddiadwy wneud hynny hefyd. Gyda'r rhan fwyaf o lefydd nawr yn cynnig gostyngiad o 25c neu fwy os ydych yn defnyddio eich cwpan eich hun, mae'n ffordd arall wych o leihau eich defnydd o blastig a lleihau gwastraff.

3) Cario potel ddŵr ailddefnyddiadwy. Rwy'n caru fy mhotel ddŵr ac yn ei chario i bobman. Mae sawl math gwahanol

ar gael ar y farchnad, ond fy ffefryn i yw potel gan gwmni Berkey. Nid yn unig mae'r botel hon yn eich arbed rhag prynu poteli plastig, mae hefyd yn cynnwys ffilter arbennig sy'n cael gwared ar bob bacteria, gwenwyn tocsig a metel trwm ac yn ei gwneud hi'n ddiogel i yfed dŵr sydd heb ei drin. Pan oeddwn yn Bali yn ddiweddar, defnyddiais y botel ym mhob man ac ni chefais fy effeithio gan salwch oherwydd dŵr (heb ei drin) un waith. Er bod y botel ei hun yn un blastig, mae'r ansawdd yn wych ac mae'r cwmni'n addo y bydd y botel yn para am 11 mlynedd.

4) Rwy wastad yn cario cyllell a fforc wedi'u gwneud o fambŵ a gwelltyn metel yn fy mag. Mae llawer o gwmnïau bellach yn gwrthod gwerthu gwelltynnau a chyllyll a ffyrc plastig gan eu bod yn achosi cymaint o ddifrod i fywyd môr. Mae nifer o fathau gwahanol ar gael, gyda llawer o becynnau picnic yn defnyddio eitemau sydd wedi'u hailgylchu sy'n cael eu cario mewn bagiau bach cotwm. Rwy'n hoffi'r *spork*, sef cyfuniad o lwy a fforc, gan gwmni Bambu.

5) Ailddefnyddiwch boteli siampŵ, hylif ymolchi a hylif golchi llestri. Mae llawer o siopau nawr yn cynnig i chi fynd â'ch poteli gyda chi i'w hail-lenwi. Boed hynny'n boteli gwydr neu'n hen boteli plastig, rydych yn talu llai am y cynnyrch wrth fynd â chynhwysydd eich hun. Meddyliwch faint o boteli plastig y gallech eu harbed mewn blwyddyn drwy ailddefnyddio'r union rai sydd yn eich cartre nawr.

Mae'r newidiadau hyn yn hawdd. Ni fydd angen llawer o ymdrech ac maen nhw'n ffordd wych o arbed ychydig o arian wrth fyw yn fwy cynaliadwy. Efallai mai camau bach ydyn nhw, ond maen nhw'n gwneud gwahaniaeth aruthrol wrth leihau'r gwastraff y byddwch yn ei greu mewn blwyddyn.

Dyma restr o rai o'r siopau rwy'n dwli mynd iddyn nhw dros y wlad ac sy'n cynnig opsiynau diblastig ac yn eich galluogi i siopa mewn ffordd wastraff isel. Mae llawer o siopau eraill wedi ymddangos yn ddiweddar, felly cadwch olwg amdanyn nhwythau hefyd.

- **Dimensions Health Store – Bangor Uchaf**
- **Slates General Food Store – Porthaethwy**
- **Ripple Living – Y Rhath, Caerdydd**
- **Natural Weigh – Crucywel**
- **Frosty's Greengrocers – Pontardawe**
- **Viva Organic – Pontcanna, Caerdydd**
- **Treehouse – Aberystwyth**
- **The Little Pantry – Dinbych-y-pysgod**

**Er mwyn dysgu mwy am y math o bethau rwy'n eu defnyddio a'r offer ailddefnyddiadwy rwy'n eu prynu, ewch i fy ngwefan www.saib.yoga.

BETH SYDD YN FY MHANTRI I

Rwy'n hoff iawn o ddefnyddio'r un cynhwysion er mwyn creu sawl pryd bwyd hollol wahanol i'w gilydd. Byddwch yn gweld hynny wrth bori trwy'r gwahanol ryseitiau rwy'n eu cynnig yn y llyfr. Nid yn unig mae hyn yn gwneud siopa'n haws, ond mae hefyd yn sicrhau bod popeth yn cael ei ddefnyddio a nesaf peth i ddim bwyd yn cael ei wastraffu. Mae'n wych cael cymaint o fwydydd iachus o gwmpas am fod snac cyflym ar gael, yn lle fy mod yn cael fy nhemtio i estyn am ddanteithion melys. Peth arall sy'n wych am hyn yw ei bod yn hawdd swmp-brynu pethau fel cnau, powdr cacao, codlysiau, pasta ac yn y blaen. Cofiwch ddefnyddio jariau gwydr mewn siopau dim gwastraff er mwyn osgoi defnyddio deunydd pacio ac osgoi creu gwastraff.

Dyma'r pethau y byddwch wastad yn dod o hyd iddynt yn fy mhantri i:

CNAU ALMON, CASHIW, CNAU FFRENGIG, CNAU PECAN – Mae'n syniad da cadw jariau gwydr llawn cnau yn eich cegin. Mae cnau yn amlbwrpas ac maen nhw'n cael eu defnyddio mewn pob math o wahanol ryseitiau drwy gydol y llyfr hwn: er mwyn creu llaeth, menyn cnau, pwdinau, llawer o'r ryseitiau brecwast a mwy. Rheswm arall gwych dros gadw cnau yn eich pantri yw eu bod nhw'n gwneud snac bendigedig ac yn ffordd dda o gadw draw rhag danteithion melys, llawn siwgr.

POWDR CACAO AMRWD – Yn wahanol i bowdr cocoa, mae powdr cacao yn hollol naturiol a heb gael ei brosesu. Mae'n llawn magnesiwm sy'n helpu i gadw'r galon a'r ymennydd yn iach. Mae'n cynnwys mwy o galsiwm nag sydd mewn llaeth buwch ac yn ffynhonnell haearn ardderchog.

OLEW CNAU COCO – Rwy'n defnyddio olew cnau coco wrth goginio yn lle olew olewydd am ei fod yn gallu goddef gwres llawer uwch. Mae hefyd yn ffynhonnell iachus iawn o fraster dirlawn sy'n fuddiol wrth geisio colli pwysau.

SUDD MASARN – Mae sudd masarn yn cynnwys llawer o wrthocsidyddion y profwyd eu bod yn cynnwys nodweddion gwrth-ganser, gwrth-facteria a gwrth-ddiabetig. Rwy'n defnyddio sudd masarn yn lle siwgr wedi ei buro am ei fod yn llawer is ar y siart glycemig – mae bwydydd â gwerth GI isel (55 neu lai) yn cael eu treulio, eu hamsugno a'u metaboleiddio yn llawer arafach gan achosi cynnydd is ac arafach mewn lefelau glwcos ac, o ganlyniad, mewn lefelau insiwlin.

TAMARI – Yn wahanol i saws soi arferol, nid yw tamari yn cynnwys unrhyw wenith ac mae ganddo lefelau halen is.

LLAETH CNAU COCO – Mae llaeth cnau coco yn gynhwysyn amlbwrpas arall. Rwy'n ei ddefnyddio'n aml i greu pob math o wahanol brydau a phwdinau. Mae'n werth prynu'r llaeth yn organig pan mae hynny'n bosib am fod iddo lefelau maeth uwch ac nid yw'n cynnwys melyswyr na chemegion tocsig.

MACA – Mae maca yn wreiddyn llawn mineralau fel calsiwm, potasiwm a sinc. Mae hefyd yn cynnwys lefelau uchel o haearn sy'n wych ar gyfer unrhyw un sy'n dilyn deiet sy'n seiliedig ar blanhigion. Mae maca hefyd yn cael ei adnabod fel gwreiddyn sydd â'r gallu i gynyddu egni, stamina a ffocws, i gryfhau'r ysfa rywiol ac i wella ffrwythlondeb.

MATCHA – Te gwyrdd yw matcha sy'n hanu o Asia. Mae dail te gwyrdd yn cael eu gwasgu i greu powdr ac yn cynnwys mwy na deg gwaith gymaint o wrthocsidyddion â the gwyrdd arferol. Mae'n ddewis ardderchog yn lle coffi am ei fod yn rhoi i chi'r egni rydych ei angen heb i chi deimlo'n bryderus neu'n sigledig ar ei ôl.

FINEGR SEIDR AFAL – Mae'r finegr hwn yn wych ar gyfer dadwenwyno. Mae'n helpu i gydbwyso lefelau siwgr y gwaed ac i leihau pwysau gwaed. Mae hefyd yn fuddiol i leihau braster y corff.

ADAPTOGENS – Mae *adaptogen* yn donig llysieuol sydd â'r pŵer i reoleiddio'r system i fyny neu i lawr gan ddibynnu ar beth sydd ei angen ar y corff ar y pryd. Rwy'n trafod effaith *adaptogens* a chynnig mwy o wybodaeth am eu buddion ar dudalennau 51–3.

CWINOA – Hadyn yw cwinoa, yn hytrach na grawn. Mae'n ffynhonnell dda o brotein, haearn, ffibr a fitamin B ac yn fwyd arall sydd â gwerth GI isel.

CEIRCH – Mae ceirch yn helpu i gydbwyso lefelau siwgr. Maen nhw'n cynnwys fitaminau, mineralau a gwrthocsidyddion ac yn cynnwys lefelau uchel o ffibr. Fe allwch ddod o hyd i rysáit llaeth ceirch ar dudalen 56.

PERLYSIAU – Mae gan bob perlysieuyn fuddion gwahanol. Rhai o fy ffefrynnau i wrth goginio yw sinamon, tyrmerig, pupur caián a phaprica. Fe allwch ddod o hyd i syniadau am sut i ddefnyddio perlysiau mewn te yn y gyfrol hon.

DÊTS MEDJOOL – Rwy'n defnyddio dêts medjool mewn llawer o ryseitiau pwdin am eu bod yn felyswyr naturiol sy'n llawer iachach na rhai artiffisial. Maen nhw'n dda i iechyd yr ymennydd, yn uchel mewn ffibr ac yn wych i iechyd yr esgyrn.

HALEN MÔN – Mae Halen Môn yn cynnwys llawer o fitaminau a mineralau actif. Mae'n organig ac yn lleol.

HADAU CHIA – Mae hadau chia yn cynnwys llawer o brotein, gwrthocsidyddion a braster angenrheidiol omega-3.

COFFI ORGANIG – Hoff iawn o goffi? Mae'n bwysig prynu coffi o safon uchel: coffi organig, masnach deg os yn bosib. Nid yn unig mae coffi organig yn lanach i ni, ond mae hefyd yn decach i'r gweithwyr sy'n ei dyfu. Rwy'n esbonio pwysigrwydd prynu'n organig ar dudalennau 24–5.

SUNWARRIOR PROTEIN – Y rheswm rwy'n defnyddio Sunwarrior Protein yn hytrach nag unrhyw brotein arall yw oherwydd ei fod yn cynnwys y lefelau uchaf o wrthocsidyddion a fitamin E a'i fod yn ffynhonnell brotein effeithiol. Ni ddefnyddir unrhyw gemegion yn y broses greu.

PLANHIGION PWERUS AC *ADAPTOGENS*

Rwy'n siŵr eich bod yn gyfarwydd â'r term *superfood* ond efallai nad ydych yn siŵr beth yn union mae'r term *superfood* neu fwyd pwerus yn ei olygu, a pham y mae'r bwydydd hyn yn cael eu disgrifio fel rhai pwerus yn y lle cyntaf.

Yn syml, bwydydd pwerus yw planhigion sy'n cynnwys lot mwy o faeth, gwrthocsidyddion, mineralau, fitaminau ac ensymau na llysiau a ffrwythau eraill, a dyna pam maen nhw'n cael eu bedyddio â'r teitl 'planhigion pwerus'.

Rwy wedi sicrhau bod pob rysáit yn y llyfr yn cynnwys o leiaf un planhigyn pwerus er mwyn darparu cymaint o faeth ag sy'n bosib i'r corff. Dyma restr o'r planhigion pwerus y gallwch ddod o hyd iddynt rhwng tudalennau'r gyfrol hon:

- **Mwyar – aeron goji**
- **Dail gwyrdd – cêl, sbigoglys**
- **Te gwyrdd – matcha**
- **Codlysiau – corbys, ffacbys**
- **Grawn – cwinoa**
- **Cnau – cnau almon, cnau Ffrengig, cnau cashiw**
- **Llysiau – tomatos, tatws melys, brocoli, blodfresych**
- **Hadau – hadau pwmpen, hadau chia, hadau hemp**
- ***Adaptogens***

Mae yna fwy o sôn am *adaptogens* nawr nag erioed o'r blaen. Mae eu poblogrwydd o fewn y sector iechyd yn tyfu'n gyflym iawn a mwy o gynnyrch sy'n eu cynnwys yn dod ar y farchnad bob dydd.

Yn syml, mae *adaptogen* yn donig llysieuol sydd â'r pŵer i reoleiddio'r system gan ddibynnu beth mae'r corff ei angen ar y pryd, a hynny er mwyn ein helpu i wrthsefyll straen a'r effaith mae straen yn ei chael ar ein cyrff. Mae gan *adaptogens* y pŵer i adfer cydbwysedd o fewn eich corff, felly, petaech yn teimlo'n flinedig fe allai'r *adaptogen* iawn roi hwb i'ch lefelau egni.

Mae *adaptogens* yn lleddfu straen drwy hybu'r ffordd mae'r chwarren adrenal yn gweithredu ac mae hynny, yn ei dro, yn helpu'r corff gyda lefelau hormonau a straen ac yn lleihau poen meddwl. Maen nhw hefyd yn adnewyddu proses weithio y system imiwnedd.

I grynhoi, dyma restr o fuddion *adaptogens* a'r effaith maen nhw'n ei chael ar wahanol agweddau o'r corff:

- **helpu i iacháu poen meddwl**
- **cydbwyso emosiynau**
- **rhoi egni i'r corff**
- **helpu'r corff i arafu a theimlo'n fwy tawel**
- **gwella'r croen**
- **lleddfu'r hwyliau**

Ar ôl darllen y rhestr hon, does dim rhyfedd bod poblogrwydd *adaptogens* yn tyfu.

Er bod yna ystod eang o fuddion, mae'n rhaid bod yn ofalus nad ydych yn cymryd lefelau rhy uchel a'ch bod yn dilyn y cyfarwyddiadau ar y botel. Mae gan bob *adaptogen* fudd gwahanol, felly, mae'n syniad da i chi ddarllen beth yn union yw lles unigol pob un er mwyn deall yn union pa rai sy'n fwyaf addas i'ch helpu chi.

Er bod *adaptogens* yn ceisio cadw'r cydbwysedd iawn o fewn y corff, mae pob un yn gwneud hynny mewn ffordd wahanol. Dyma restr o'r *adaptogens* fydda i'n eu defnyddio yn rheolaidd. Bydd rhai ohonyn nhw'n ymddangos yn ryseitiau'r llyfr hwn, ond opsiynau ychwanegol yw'r rhain i gyd ac nid ydyn nhw'n angenrheidiol i'r ryseitiau, felly nid oes rhaid eu defnyddio.

MADARCH:

REISHI – cryfhau'r system imiwnedd, lleihau straen, amddiffyn rhag gwenwyndra'r amgylchedd ac ymbelydredd.
CORDYCEPS – cryfhau gwytnwch athletaidd a hybu gwellhad, hyrwyddo ystwythder meddyliol, sefydlogi lefelau egni, hybu'r ysfa rywiol.
CHAGA – gwrthlidiol, gwrth-ficrobaidd, cefnogi'r system imiwnedd.

PERLYSIAU:

ASHITABA – tonig i'r croen a'r system dreulio, hybu hirhoedledd.
ASHWAGANDHA – lleihau tensiwn, cryfhau'r system imiwnedd, lleihau straen ar y corff, hybu'r chwarren adrenal.
ASTRAGALUS – cryfhau'r croen, gwella metaboledd, cynyddu lefelau egni.
HE SHOU WU – cryfhau'r ysfa rywiol, maethu'r croen a'r gwallt.
MUCUNA PRURIENS – lleddfu'r hwyliau, gwella proses weithio'r ymennydd, tawelu'r system nerfol.
PAILL COED PIN – cydbwyso'r emosiynau, hybu metaboledd, gwella gwytnwch athletaidd, affrodisiac.
RHODIOLA – cynyddu stamina a ffocws, rheoli pwysau, gwrthocsidydd.
SCHIZANDRA – hybu hirhoedledd, gwella gwytnwch ac egni.
SHATAVARI – cefnogi'r llif misol.

PEIRIANNAU CEGIN

Dros y blynyddoedd, rwy wedi casglu nifer o beiriannau gwahanol sy'n fy ngalluogi i arbrofi â ryseitiau a gwneud beth rwy'n ei garu, sef coginio! Prynais rai ohonyn nhw fy hun ac rwy wedi cael eraill yn anrhegion pen-blwydd ac anrhegion Nadolig. Fel y byddwch yn gweld, rwy'n defnyddio'r peiriannau hyn yn ddi-stop yn y rhan fwyaf o ryseitiau ac wedi cael defnydd gwych ohonyn nhw dros y blynyddoedd. Er bod rhai yn ddrud, maen nhw'n para am oes ac yn gweithio yr un mor dda heddiw â phan dderbyniais nhw gyntaf. Does dim rhaid cael yr union beiriannau hyn i greu'r ryseitiau yn y gyfrol hon, ond fe fydd angen prosesydd bwyd ar gyfer llawer ohonyn nhw.

Mae llawer o fersiynau gwahanol o'r peiriannau hyn ar gael. Mae rhai yn ddrutach na'i gilydd wrth gwrs ac, felly, dydy rhai ddim cystal â'i gilydd. Dyma restr o'r peiriannau sydd gen i a'r rhesymau pam y dewisais nhw.

VITAMIX – Mae'r cymysgydd hwn yn fwystfil! I mi, mae'n amhosib cymharu unrhyw beth ag ef am ei fod ar ei ben ei hun. Mae'r Vitamix yn ddrutach na'i gystadleuwyr – er enghraifft, y NutriBullet – ond y gwahaniaeth mawr yw bod y Vitamix yn beiriant cryf, ac nid oes llawer o ddim byd yn drafferth iddo. Mae'n mynd i'r afael â darnau mawr o ffrwythau a llysiau yn hawdd, gan gynnwys y garreg yng nghanol afocado!

Mantais arall o gael Vitamix a'r bwysicaf, o bosib, yw nad yw'r peiriant ei hun byth yn poethi. O ganlyniad, mae'n cadw'r maeth i gyd yn y bwyd tra bo peiriant rhatach yn cynhesu ac felly'n colli rhywfaint o'r maeth – rhywbeth sy'n hollbwysig i ddeiet sy'n seiliedig ar blanhigion.

Boed yn gawl poeth neu'n hufen iâ, smwddi neu laeth cnau, mae'r Vitamix yn wych a byddwn i ar goll hebddo!

MAGIMIX – Fel y Vitamix, rwy'n defnyddio'r prosesydd bwyd hwn bron bob dydd. Mae gan fy mam Magimix o'r saithdegau sy'n dal i fynd ac yn gweithio yr un mor dda ag erioed. Mewn sawl ffordd, mae'r Magimix a'r Vitamix yn debyg ond mae'r Magimix ychydig yn fwy bregus. Y prif wahaniaeth yw bod y Magimix yn fwy addas ar gyfer bwydydd sych, er enghraifft y Peli Pŵer ar dudalen 90. Eto, mae'r peiriant hwn ar dop y siart yn ei faes, ac os ydych chi eisiau buddsoddi mewn prosesydd bwyd, mae'n bendant yn werth gwario ychydig bunnoedd yn ychwanegol i gael peiriant mor safonol.

JR ULTRA 8000 WHOLE SLOW JUICER – Os ydych chi, fel fi, yn un sy'n ymddiddori mewn creu sudd gwyrdd neu sudd seleri eich hun gartre, yna mae'r peririant hwn yn un o'r goreuon. Yn yr un ffordd â'r Vitamix, yr hyn sy'n codi'r peiriant hwn uwchlaw pob un arall o'r un pris yn ei faes yw'r ffaith bod y peirianwaith a'r ffordd mae'n trin a gwasgu'r bwyd yn cadw cymaint o faeth â phosib. Mae unrhyw beiriant sy'n prosesu bwyd yn gyflym yn gwneud y ffrwythau a'r llysiau yn agored i broses sy'n cael ei galw'n ocsideiddio. Mae ocsideiddio'n niweidiol am fod y ffrwythau a'r llysiau yn agored i lefelau uchel o ocsigen, ac mae hynny'n cael effaith ar ba mor hir y bydd y sudd yn aros yn ffres ac yn lleihau'r maeth a'r ensymau sydd ynddo.

Felly, os ydych yn bwriadu gwneud yr ymdrech i brynu'n organig a threulio amser yn paratoi'r bwyd iawn ar gyfer gwneud sudd, yna mae'n werth buddsoddi mewn peiriant sy'n cadw cymaint o faeth yn y sudd ag sy'n bosib. Dyna pam mai'r JR Ultra 8000 Whole Slow Juicer yw'r gorau yn fy marn i.

AEROCCINO3 MILK FROTHER WHITE – Rwy'n defnyddio'r peiriant hwn dair neu bedair gwaith y diwrnod ac weithiau fe fydda i'n mynd ag e gyda fi er mwyn cael fy hoff niod, y *latte* matcha, dim ots ble fydda i'n digwydd bod. Mae'n beiriant gwych, yn hawdd ei ddefnyddio a'i lanhau ac yn berffaith ar gyfer creu siocled poeth, *latte* neu donig. Rwy wedi cynnwys ryseitiau ar gyfer y diodydd hyn yn y gyfrol er mwyn i chi allu eu mwynhau nhw hefyd.

Mae llawer o'r ryseitiau yn y llyfr hwn yn gofyn am laeth almon neu laeth ceirch. Mae'n hawdd creu'r llaeth hwn yn eich cartre a'r unig beth sydd ei angen arnoch yw lliain mwslin a chymysgydd. Mae'r rhan fwyaf o laeth almon neu laeth ceirch mewn archfarchnadoedd yn cynnwys melyswyr, felly mae'n syniad da i chi ddarllen y cynhwysion ar gefn y carton i weld a ydyn nhw'n cynnwys siwgr neu felyswr. Hefyd, mae'r rhan fwyaf o laeth almon parod yn cynnwys canran isel iawn o almon a llawer iawn o ddŵr. Mae hyn yn golygu nad ydych yn cael y gorau o'r maeth mae'r llaeth almon yn ei ddarparu, felly mae ei greu gartre yn ffordd ardderchog o sicrhau bod y llaeth yn cynnwys cymaint o faeth â phosib a ddim yn cynnwys siwgr na melyswr. Os ydych eisiau melysu llaeth gartre mewn ffordd naturiol, yna fe allwch ychwanegu 1–2 ddatysen medjool yn lle siwgr.

Budd	Cynhwysion	Dull
• Yn cynnwys llawer iawn o fitamin E sy'n ardderchog i'r croen. • Hybu iechyd yr ymennydd. • Yn cynnwys lot llai o galorïau o gymharu â llaeth buwch. • Uchel mewn fitamin D.	• 1 cwpan o gnau almon (organig os yn bosib). • ½ llwy de o Halen Môn. • Digon o ddŵr wedi'i hidlo i orchuddio'r cnau. • 4 cwpan o ddŵr wedi'i hidlo. • 1 llwy de o sinamon neu yn nhymor yr hydref rwy wrth fy modd yn ychwanegu 1 llwy de o sbeis pwmpen (opsiynol). • 1–2 ddatysen medjool (opsiynol).	1. Rhowch y cnau almon mewn powlen a'u gorchuddio â dŵr wedi'i hidlo a phinsiad o Halen Môn a'u gadael dros nos neu am o leiaf 8 awr. 2. Pan mae'r almonau'n barod, fe allwch gael gwared â'r dŵr ac yna roi'r almonau mewn cymysgydd gyda 4 cwpan o ddŵr, sinamon neu sbeis pwmpen a'r dêts a chymysgu am rhwng 40 eiliad ac 1 funud. 3. Yna, arllwyswch y llaeth drwy'r lliain mwslin i bowlen neu jwg er mwyn ei hidlo a chael gwared ar unrhyw ddarnau mân.

Budd	Cynhwysion	Dull
• Uchel mewn haearn. • Uchel mewn fitamin B. • Uchel mewn ffibr. • Helpu i ostwng colesterol.	• 1 cwpan o geirch. • ¼ llwy de o Halen Môn. • 4 cwpan o ddŵr wedi'i hidlo. • 1–2 ddatysen medjool (opsiynol).	1. Rhowch holl gynhwysion y llaeth ceirch mewn cymysgydd a chymysgu am rhwng 40 eiliad ac 1 funud. 2. Yna, fe allwch arllwys y llaeth drwy'r lliain mwslin i bowlen neu jwg er mwyn ei hidlo a chael gwared ar unrhyw ddarnau mân.

Mae rhai o'r ryseitiau yn gofyn i chi socian y cnau cashiw dros nos. Os ydych ar frys ac eisiau gorffen y rysáit y diwrnod hwnnw, fe allwch ferwi'r cnau mewn sosban ar wres uchel am 30 munud er mwyn iddynt feddalu. Drwy wneud hyn, mae yna siawns na fydd y cnau cashiw mor hufennog ar ôl cael eu prosesu â phetaen nhw wedi cael eu socian dros nos, ond mae'n ffordd o arbed amser yn y pen draw, os oes angen.

GWANWYN

Mae'r gwanwyn yn adeg pan mae popeth yn aildyfu, yn
adnewyddu ac yn ailflodeuo. Mae'n gyfnod pan mae'r dydd yn
dechrau ymestyn, sy'n ein galluogi i fwynhau mwy o olau dydd
a nosweithiau byrrach a theimlo gwres yr haul ar ein croen
unwaith eto. Mae'n adeg dda i ailgysylltu â natur a dechrau
treulio mwy o amser allan yn yr awyr iach ar ôl y gaeaf hir.

Mae dyfodiad y gwanwyn hefyd yn golygu ei bod yn amser
ffarwelio â bwydydd trwm, daearol a dewis pethau mwy ysgafn
a ffres. Yn y gwanwyn, mae yna lawer o lysiau a ffrwythau yn
tyfu sydd yn ardderchog ar gyfer rhoi maeth i'r corff, gan buro
ac ailosod ein system imiwnedd a'n system dreulio ar yr un pryd.

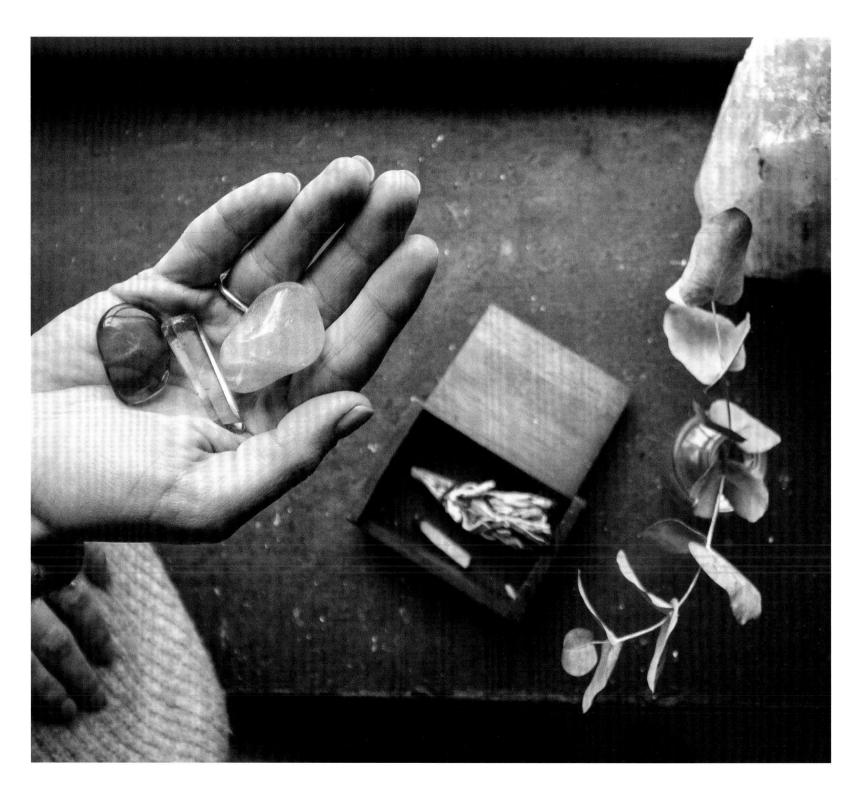

DEFOD Y GWANWYN

Wrth i'r dydd ymestyn ac i'r haul ymddangos am fwy o amser, mae'n amser perffaith i buro a thrydanu crisialau. Os nad ydych yn gyfarwydd â chrisialau a'u nodweddion rhinweddol, yna mae'n amser da i ddarganfod mwy amdanyn nhw.

Wrth fynd ati i ddewis crisial, dylech ddewis yr un sy'n denu eich llygad gyntaf. Mae gan bob crisial fudd gwahanol ac mae'n bwysig eich bod yn cymryd eich amser i ddysgu mwy am sut gall y crisial rydych yn ei ddewis eich helpu yn eich bywyd pob dydd. Ffordd dda o wneud defnydd o'u pŵer iachusol yw rhoi eich amlygiadau, y pethau rydych eisiau eu 'galw i mewn' neu eu cyflwyno i'ch bywyd, yn y crisialau. Mae crisialau yn bachu egni o'r haul, y môr, y lleuad a'r pridd ac yn defnyddio'u pŵer i'n cysylltu ni â'r ddaear. Am eu bod yn wrthrychau cyffyrddadwy, sy'n cynnwys dirgryniadau pwerus, mae'r egni yn cael ei drosglwyddo pan maen nhw o fewn cyrraedd neu o fewn ein hamgylchedd – er enghraifft, yn y swyddfa neu'r cartre.

Dyma enghreifftiau o fy hoff grisialau a'u buddion:

CWARTS RHOSYN:
Crisial cariad sy'n helpu i agor ac i iacháu egni'r galon.
- Yn eich annog i faddau i eraill ac i chi eich hun.

SITRIN:
- Crisial hapusrwydd, golau a llwyddiant.
- Yn eich annog i ddilyn eich breuddwydion a chynnal meddylfryd positif er mwyn denu'r pethau rydych chi'n dymuno eu cael.

TWRMALIN DU:
- Crisial sy'n cael gwared ar unrhyw egni negyddol.
- Yn eich annog i deimlo'n fwy daearol a chytbwys ac i beidio â chael eich dylanwadu gan egni negyddol eraill.

Mae'r ffordd rydych yn gweld y crisialau ac yn meddwl amdanynt yn dibynnu ar eich profiad ohonyn nhw. Mae angen meddwl a chalon agored i dderbyn y pŵer a'r buddion oddi wrthyn nhw.

PURO CRISIALAU
Y peth cyntaf y dylech chi ei wneud ar ôl dewis eich crisialau yw eu puro. Fe ddylid gwneud hyn oherwydd ei fod yn cael gwared ar unrhyw egni sydd wedi cael ei ddal yn y crisial ac yn ei ddychwelyd i'w stad naturiol. Fe allwch ailadrodd hyn bob yn ail fis.

BYDDWCH ANGEN: Y CRISIALAU, HALEN MÔN A DŴR.
Rhowch y crisial, neu'r crisialau, mewn powlen gyda phinsiad o Halen Môn a'u gadael i socian dros nos.

TRYDANU'R CRISIALAU
Rhowch y crisial neu'r crisialau y tu allan ar wyneb naturiol, fel carreg neu bren, a'u gadael dros nos pan mae'r lleuad yn llawn er mwyn iddyn nhw amsugno holl egni'r lleuad. Fe allwch hefyd eu gadael nhw yno yn ystod y dydd er mwyn iddyn nhw amsugno egni'r haul.

DŴR CYNNES A LEMWN

DIGON I 1

Mae yna fudd mawr i'w gael o ddechrau'r diwrnod gyda dŵr cynnes a lemwn. Mae yfed y ddiod hon yn y bore yn helpu'r system imiwnedd i gael gwared ar wenwynau tocsig a rheoli lefelau pH y corff. Mae'n wych i'r croen, yn help mawr wrth wrthsefyll afiechydon ac yn ailgyflenwi lefelau halen y corff. Mae hefyd yn rhoi hwb i'n metaboledd ac mae hynny, yn y pen draw, yn ein helpu i golli pwysau.

Torrwch un sleisen o lemwn a gwasgu'r sudd i mewn i gwpan. Fe allwch adael gweddill y sleisen lemwn yn y cwpan neu ei rhoi yn y bin compost.

Rhowch ddŵr berw ar ei ben a diferyn o ddŵr oer wedi'i hidlo. Er mwyn arbed y lemwn rhag dinistrio enamel y dannedd, yfwch y ddiod trwy welltyn metel neu fambŵ.

SUDD SELERI

CYNHWYSION

6/7 darn o seleri

DIGON I 1

Mae sudd seleri yn adnabyddus am iacháu'r perfeddyn, cryfhau'r esgyrn, puro a lleihau lefelau'r pwysau gwaed a gwella'r croen. Yr amser gorau i'w yfed yw y peth cyntaf yn y bore, cyn i chi fwyta unrhyw beth arall.

Dull

1. Golchwch y darnau seleri yn dda o dan y tap dŵr oer a'u torri'n ddarnau.
2. Bwydwch y seleri i mewn i'r peiriant sudd. Er mwyn cael cymaint o faeth ag sy'n bosib o'r sudd, ceisiwch ei yfed yn syth. Po hiraf mae'r sudd yn sefyll, lleiaf o faeth fydd ynddo.

LATTE MATCHA

CYNHWYSION

¾ cwpan o laeth almon
neu laeth ceirch

¼ llwy de o bowdr matcha

1 llwy de o sudd masarn
(opsiynol)

DIGON I 1

Dyma un o fy hoff ddiodydd. Y rheswm am hynny yw bod matcha yn cynnwys deg gwaith yn fwy o wrthocsidyddion na the gwyrdd arferol – ac mae'n flasus tu hwnt. Mae hefyd yn rhoi hwb i'ch metaboledd, yn codi eich ysbryd, yn eich helpu i ganolbwyntio, yn tawelu'r meddwl ac yn ymlacio'r corff.

Dull

1. Rhowch y matcha yn y ffrothiwr ac ychwanegu'r llaeth cyn troi'r peiriant ymlaen. Os nad ydych yn berchen ar ffrothiwr llaeth, rhowch y matcha mewn cwpan ac ychwanegu 1 llwy de o ddŵr oer. Cymysgwch nes y bydd yn troi'n bast. Cynheswch y llaeth mewn sosban nes iddo ddod i'r berw. Rhowch y llaeth berw ar ben y past matcha a chymysgu'n dda.
2. Ychwanegwch y sudd masarn ar y diwedd a chymysgu'n dda.

SMWDDI GWYRDD SYML

CYNHWYSION

1 cwpan o gêl

1 banana

½ cwpan o laeth ceirch neu
laeth almon

1 llwy de o bowdr Mucuna
pruriens, He Shou Wu neu
unrhyw *adaptogen* o'ch dewis
chi (opsiynol – mae mwy o
wybodaeth am y cynhwysion
hyn ar dudalennau 51–3).

DIGON I 1

Dull

1. Golchwch y cêl.
2. Cymysgwch yr holl gynhwysion mewn cymysgydd am tua 30 eiliad. Fe allwch newid faint o laeth rydych yn ei ddefnyddio gan ddibynnu pa mor drwchus rydych chi eisiau'r smwddi.

TE LLYSIEUOL DAIL MAFON COCH A DANT Y LLEW WEDI'U TRWYTHO

Fe allwch ddysgu mwy am fudd creu ac yfed te llysieuol wedi'i drwytho ar dudalen 42. Mae gan ddail mafon coch lefelau uchel iawn o fagnesiwm, potasiwm, haearn a fitamin B. Mae'n dda iawn ar gyfer cydbwyso'r hormonau, esmwytho poen mislif a gwella ffrwythlondeb. Mae dant y llew yn berlysieuyn arbennig iawn ac, yn debyg i ddail mafon coch, yn llawn magnesiwm, calsiwm, potasiwm, haearn a ffosfforws. Mae'n ardderchog ar gyfer lleddfu poen, ymladd heintiau a chydbwyso lefelau siwgr.

CYNHWYSION

½ **cwpan o ddail mafon coch**

½ **cwpan o ddant y llew**

DIGON I 1

Dull

1. Rhowch y perlysiau mewn *cafetière* a'i lenwi i'r brig â dŵr poeth.
2. Rhowch gaead y *cafetière* yn ôl ymlaen ond peidiwch â gwasgu'r gwthiwr i lawr.
3. Gadewch y cymysgedd i drwytho am tua 4–8 awr, neu, yn well byth, dros nos.
4. Ar ôl aros i'r perlysiau drwytho, gwasgwch wthiwr y *cafetière* i lawr gan wasgu'r perlysiau i'r gwaelod.
5. Mae'n bosib yfed y te yn gynnes neu yn oer. Os hoffech chi de cynnes, cynheswch e mewn sosban gan ofalu peidio â'i ferwi rhag colli rhywfaint o'r maeth.
6. Arllwyswch weddill y cymysgedd i gynhwysydd â chaead tyn a'i gadw yn yr oergell. Fel arfer fydd y te ond yn cadw'i faeth am tua 48 awr, felly gwnewch yn siŵr eich bod yn ei yfed o fewn yr amser hwnnw.

BARA BANANA, CNAU FFRENGIG A MENYN CNAU ALMON GYDA HUFEN CNAU COCO WEDI'I CHWIPIO

CYNHWYSION Y BARA

2 lwy fwrdd o hadau llin

4 llwy fwrdd o ddŵr wedi'i hidlo

3 banana

(aeddfed os yn bosib)

1 llwy de o soda pobi

½ llwy de o bowdr pobi

1½ cwpan o flawd gwenith

½ cwpan o geirch

1 llwy de o sinamon

1 llwy de o nytmeg

¼ cwpan o fenyn cnau almon

2 lwy fwrdd o sudd masarn

½ llwy de o Halen Môn

½ cwpan o gnau Ffrengig wedi'u torri'n ddarnau mân

CYNHWYSION YR HUFEN CNAU COCO WEDI'I CHWIPIO

1 tun o laeth coco wedi'i adael yn yr oergell dros nos

1 llwy fwrdd o sudd masarn

(opsiynol)

DIGON I 2 NEU FWY

Dull y bara banana, cnau Ffrengig a menyn cnau almon

1. Cynheswch y popty i 180°C.

2. Rhowch yr hadau llin mewn cwpan ac arllwys y dŵr wedi'i hidlo ar eu pennau, a'u gadael am tua 10 munud nes bod yr hadau wedi amsugno'r dŵr.

3. Rhowch y bananas mewn powlen gymysgu a'u stwnsio â fforc nes eu bod yn llyfn.

4. Mewn powlen ar wahân, cymysgwch y soda pobi, y powdr pobi, y blawd gwenith, y ceirch, y sinamon a'r nytmeg gan ddefnyddio llwy neu eich dwylo. Ychwanegwch y cymysgedd hwn at y bananas.

5. Ychwanegwch y menyn cnau almon, y sudd masarn, yr Halen Môn, y cnau Ffrengig a'r hadau llin a chymysgu'r cyfan i greu toes gludiog.

6. Irwch dun bara ag olew cnau coco ac arllwys y cymysgedd i mewn i'r tun. Fe allwch leinio'r tun â phapur pobi os ydych yn dymuno.

7. Coginiwch y bara am tua 25–30 munud gan gadw llygad arno rhag iddo losgi, yn enwedig yn ystod y munudau olaf. Unwaith mae'n barod, fe ddylech chi allu rhoi cyllell yng nghanol y bara a'i thynnu allan yn lân.

8. Tra bod y bara'n coginio, ewch ati i baratoi'r hufen cnau coco wedi'i chwipio.

Dull yr hufen cnau coco wedi'i chwipio

1. Tynnwch y llaeth cnau coco o'r oergell. Gwahanwch y rhan hylifog oddi wrth y rhan galed (fe allwch roi'r hylif mewn jar wydr er mwyn ei ddefnyddio rhywbryd eto).

2. Rhowch y rhan galed mewn prosesydd bwyd a chymysgu am tua 40 eiliad. Os ydych am ddefnyddio sudd masarn, ychwanegwch e at y cymysgedd.

GRANOLA AFAL, SINAMON, PECAN A GOJI

CYNHWYSION

1 afal wedi'i gratio

2 gwpan o geirch

½ cwpan o gnau pecan wedi'u torri'n fân

1 llwy de o sinamon

1 llwy de o nytmeg

1 llwy de o bowdr sinsir

½ llwy de o Halen Môn

¼ cwpan o hadau pwmpen

4 llwy fwrdd o sudd masarn

1 llwy de o rin fanila

¼ cwpan o aeron goji

DIGON I 2 NEU FWY

Dull

1. Cynheswch y popty i 180°C.
2. Golchwch yr afal a'i gratio heb blicio'r croen.
3. Mewn powlen, ychwanegwch yr afal at y ceirch, y cnau pecan, y sbeisys, yr Halen Môn, yr hadau pwmpen, y sudd masarn a'r rhin fanila. Cymysgwch y cyfan gan ddefnyddio'ch dwylo.
4. Gwasgarwch y cymysgedd yn wastad ar hyd tun pobi cyn ei roi yn y popty.
5. Cadwch lygad ar y granola rhag iddo losgi. O fewn 20–25 munud fe ddylai fod yn barod.
6. Ychwanegwch yr aeron goji i'r cymysgedd ar ôl iddo oeri. Cadwch y granola mewn jar wydr â chaead tyn. Bydd yn iawn am tua mis.
7. Mwynhewch y granola ar ei ben ei hun gyda llaeth almon neu laeth ceirch neu ei ychwanegu ar ben yr iogwrt cashiw ar dudalen 89.

CREMPOG LEMWN, CARDAMOM A LLUS

CYNHWYSION Y CREMPOG

1 llwy fwrdd o hadau chia

¾ cwpan o ddŵr wedi'i hidlo

2 lwy fwrdd o sudd lemwn

1 llwy de o gardamom

½ llwy de o Halen Môn

2 lwy fwrdd o sudd masarn

1 cwpan o lus

2 fanana

2 lwy de o sinamon

2½ cwpan o geirch

1 llwy de o olew cnau coco

**I'W HYCHWANEGU
AR EI BEN (OPSIYNOL)**

2 lwy fwrdd o sudd masarn

¼ cwpan o aeron

2 lwy fwrdd o laeth cnau coco

DIGON I 2

Dull

1. Rhowch yr hadau chia mewn cwpan gyda ¾ cwpan o ddŵr a'u rhoi i'r naill ochr am 10 munud.

2. Yna, rhowch weddill y cynhwysion, heblaw y llus a'r hadau chia, mewn cymysgydd ac ychwanegu ½ cwpan o ddŵr yn araf i'r cymysgedd. Fe ddylai'r cymysgedd edrych yn debyg i gytew crempog.

3. Cynheswch 1 llwy de o olew cnau coco mewn sgilet neu badell goginio haearn bwrw (os yn bosib) ar wres uchel.

4. Erbyn hyn, fe fydd yr hadau chia wedi chwyddo a meddalu rhywfaint. Ychwanegwch yr hadau chia a'r llus at y cytew a chymysgu â llwy bren. Trowch y gwres i lawr i wres canolig, yna ychwanegwch tua 2 neu 3 llwy fwrdd o'r cymysgedd i'r sgilet (gan ddibynnu pa mor fawr / dew rydych yn hoffi eich crempog). Gwasgarwch y cymysgedd mewn siâp cylch yn y sgilet. Gan ddibynnu ar faint eich sgilet, fe ddylai fod lle i 3 chrempog ar y tro. Coginiwch am 4 munud bob ochr.

5. Ychwanegwch y cynhwysion eraill ar ben y crempogau fel y mynnwch. Mwynhewch!

CYNHWYSION Y PASTA

Pasta reis brown neu unrhyw basta arall heb glwten

1 llwy de o olew cnau coco

1 cwpan o fadarch wedi'u sleisio

½ llwy de o Halen Môn

½ llwy de o tsili fflawiog

1 cwpan o gêl

CYNHWYSION Y SAWS CNAU CASHIW HUFENNOG

1 cwpan o gnau cashiw wedi'u socian dros nos

Sudd ½ lemwn

1 cwpan o laeth cnau (ceirch os yn bosib – rwy'n hoffi Oatly! Barista Edition gan ei fod yn fwy hufennog na mathau eraill o laeth cnau)

3 ewin garlleg bach neu 2 fawr

2 lwy fwrdd o furum maethlon

½ llwy de o bupur (mwy i roi blas)

1 llwy de o finegr seidr afal organig gyda'r 'fam'. (Mae'r finegr seidr hwn heb ei buro, heb ei basteureiddio a heb ei ffiltro.)

DIGON I 2

PASTA MADARCH GYDA SAWS CNAU CASHIW HUFENNOG

Dull y saws cnau cashiw hufennog

1. Rhowch y cnau cashiw mewn powlen a'i llenwi â digon o ddŵr i'w gorchuddio. Gadewch nhw i socian dros nos, neu ddilyn y cyfarwyddiadau ar dudalen 56.

2. Unwaith mae'r cnau cashiw yn barod, rhowch holl gynhwysion y saws cnau cashiw hufennog i mewn i'r cymysgydd gyda'r cnau cashiw a'u troi nes eu bod yn llyfn. Rhowch nhw i'r naill ochr tra eich bod yn paratoi'r pasta.

Dull y pasta

1. Rhowch y pasta reis brown (neu ba bynnag basta rydych wedi'i ddewis) mewn sosban o ddŵr berw a'i goginio yn ôl cyfarwyddiadau'r pecyn.

2. Tra bod y pasta'n coginio, cynheswch tua 1 llwy de o olew cnau coco mewn sgilet haearn bwrw (os yn bosib), yna ychwanegwch y madarch, pinsiad o halen a'r tsili a'u coginio ar wres canolig am tua 5 munud. Yna, ychwanegwch y cêl at y madarch a'u coginio am tua 3 munud arall.

3. Rhowch holl gynhwysion y saws cnau cashiw hufennog i mewn i'r cymysgydd a'i droi nes ei fod yn llyfn. Unwaith mae'n barod, draeniwch y pasta ac arllwys y saws ar ei ben.

4. Ychwanegwch y madarch a'r cêl at y pasta a chymysgu'n dda. Gorffennwch drwy ychwanegu ychydig bach o bupur. Mwynhewch!

CYNHWYSION GWAELOD Y PITSA

¼ cwpan o gwinoa wedi'i socian dros nos

1 llwy de o finegr seidr afal organig gyda'r 'fam'

1 llwy de o rosmari

1 llwy de o saets

1 llwy de o oregano

½ llwy de o tsili fflawiog

CYNHWYSION HAEN UCHAF Y PITSA

Madarch

1 tomato ffres

½ llwy de o Halen Môn

¼ llwy de o tsili fflawiog

Olifau du

Marchysgall mewn brein

Berwr

CYNHWYSION Y SAWS GOJI

40 gram o aeron goji

20 gram o domatos heulsych

100 gram o domatos ceirios

3 llwy de o finegr seidr afal organig gyda'r 'fam'

6 llwy de o sudd masarn

2 lwy de o sudd lemwn

1 llwy de o olew olewydd (organig os yn bosib)

½ llwy de o Halen Môn

Pupur i roi blas

CYNHWYSION Y PESTO CNAU FFRENGIG

30 gram o fasil

2 ewin garlleg bach neu 1 mawr

¼ cwpan o gnau Ffrengig

4 llwy fwrdd o furum maethlon

5 llwy fwrdd o olew olewydd (organig os yn bosib)

Sudd ½ lemwn canolig

½ llwy de o Halen Môn

¼ llwy de o bupur

CYNHWYSION Y CAWS PARMA CASHIW

¾ cwpan o gnau cashiw

3 llwy fwrdd o furum maethlon

½ llwy de o Halen Môn

¼ llwy de o bowdr garlleg

DIGON I 2

PITSA CWINOA GYDA PHESTO CNAU FFRENGIG, SAWS GOJI A CHAWS PARMA CASHIW

Dull y pitsa

1. Rhowch y cwinoa mewn powlen a'i llewni â digon o ddŵr i'w orchuddio, yna ei socian dros nos.

2. Cynheswch y popty i 180°C. Gan ddefnyddio'r prosesydd bwyd, cymysgwch holl gynhwysion haen waelod y pitsa nes eu bod yn creu toes. Gorchuddiwch dun pitsa neu dun pobi â phapur pobi. Defnyddiwch rolbren neu eich llaw i greu siâp cylch pitsa tua chentimetr o drwch a rhoi'r toes ar y tun. Coginiwch am 15–20 munud.

3. Tra bod crwst y pitsa'n coginio, ewch ati i goginio'r madarch a'r tomatos. Cynheswch ychydig o olew mewn sosban, yna sleisiwch y madarch a'r tomatos a'u hychwanegu at yr olew gyda phinsiad o Halen Môn a'r tsili fflawiog. Coginiwch ar wres canolig am tua 5 munud.

4. Unwaith mae'r pitsa'n barod, gwasgarwch y pesto drosto, yna rhowch y madarch, y tomatos, yr olifau du, y marchysgall a'r berwr ar ei ben a rhoi'r caws parma cashiw ar ben y cyfan. Peidiwch ag anghofio rhoi digonedd o saws goji ar yr ochr.

Dull y saws goji

1. I ddechrau, rhowch y aeron goji a'r tomatos heulsych mewn powlen, eu gorchuddio â dŵr a'u rhoi i'r naill ochr am 20 munud.

2. Rhowch holl gynhwysion y saws goji mewn prosesydd bwyd a chymysgu nes eu bod yn llyfn ac yn debyg i saws coch.

Dull y pesto

1. I wneud y pesto, rhowch holl gynhwysion y pesto cnau Ffrengig mewn prosesydd bwyd a chymysgu nes eu bod yn troi'n saws gwyrdd, llyfn. Rhowch e i'r naill ochr.

Dull y caws parma cashiw

1. I wneud y caws parma cashiw, rhowch y cynhwysion i gyd mewn prosesydd bwyd a chymysgu am ychydig eiliadau i greu cymysgedd briwsionllyd. Gofalwch beidio â'i falu'n rhy fân. Rhowch e i'r naill ochr.

SALAD CORBYS GWYRDD GYDA THATWS RHOST A DRESIN CARTRE

DRESIN CARTRE

3 llwy fwrdd o damari

3 llwy fwrdd o olew olewydd

3 llwy fwrdd o finegr seidr afal gyda'r 'fam'

CYNHWYSION Y SALAD

2 gwpan o gorbys gwyrdd

300g o datws bach

2 lwy fwrdd o olew cnau coco

Pinsiad o halen a phupur

1 afal gwyrdd

2 gwpan o salad cymysg

2 lwy fwrdd o dil

2 lwy fwrdd o gaprys

DIGON I 2

Dull y dresin cartre

1. Cymysgwch y cynhwysion â llwy i greu dresin a'i roi i'r naill ochr.

Dull y salad

1. Berwch y corbys gwyrdd mewn sosban ar wres canolig am tua 15–20 munud, nes eu bod yn feddal.

2. Tra bod y corbys gwyrdd yn coginio, cynheswch y popty i 180°C. Golchwch y tatws bach yn sydyn. Nid oes angen plicio'r croen. Torrwch y tatws yn giwbiau a'u gwasgaru ar hyd tun pobi gan arllwys tua 2 lwy fwrdd o olew cnau coco ar eu pennau. Rhowch binsiad o halen a phupur arnyn nhw, cyn eu coginio yn y popty am 25–30 munud.

3. Golchwch yr afal a'i dorri'n giwbiau bach a'u cymysgu mewn powlen gyda'r salad, y dil a'r caprys.

4. Tynnwch y tatws allan o'r popty, yna draeniwch y corbys os nad ydych wedi gwneud hynny'n barod. Cymysgwch y corbys, y tatws, y saws a'r salad gyda'i gilydd ac ychwanegu'r dresin. Mwynhewch!

BROWNI AMRWD AG EISIN RHOSYN SIOCLED

CYNHWYSION

GWAELOD Y BROWNI

1½ cwpan o almonau

18 datysen medjool

6 llwy fwrdd o bowdr siocled cacao

1½ llwy de o rin fanila

1 llwy fwrdd o olew cnau coco i iro'r tun

CYNHWYSION YR EISIN SIOCLED RHOSYN

1 llwy fwrdd o ddŵr rhosyn

¼ cwpan o bowdr siocled cacao

¼ cwpan o sudd masarn

DIGON I 2 NEU FWY

Dull gwaelod y browni

1. Rhowch holl gynhwysion gwaelod y browni mewn prosesydd bwyd a chymysgu nes eu bod yn gymysgedd trwchus, gludiog.
2. Irwch y tun pobi, neu ychwanegu papur gwrthsaim, yna, defnyddiwch eich dwylo i wasgu'r cymysgedd yn wastad ar hyd y tun a'i roi yn y rhewgell tra eich bod yn paratoi'r eisin.

Dull yr eisin

1. Rhowch holl gynhwysion yr eisin mewn sosban a'u cymysgu ar wres isel iawn nes eu bod yn llyfn.
2. Gwasgarwch yr eisin ar hyd y browni a'i roi yn yr oergell, a'i adael am o leiaf awr er mwyn iddo setio, cyn eich bod yn ei weini. Ni fydd yr eisin byth yn setio'n hollol galed – bydd ychydig yn wlyb. Cadwch y browni yn yr oergell er mwyn osgoi ei feddalu'n llwyr.

CYNHWYSION

Menyn cacao

Powdr cacao amrwd

Sudd masarn

1 llwy de o bowdr Mucuna
pruriens neu He Shou Wu
(opsiynol – mae mwy o
wybodaeth am *adaptogens*
ar dudalennau 51–3).

DIGON I 2 NEU FWY

SIOCLED AMRWD HARDD

Nid yn unig mae'r siocled hwn yn iachus, yn hynod o flasus ac yn hawdd ei greu,
mae hefyd yn gwneud anrheg wych!

Dull

1. Rhowch y menyn cacao mewn sosban a'i gynhesu ar wres canolig nes ei fod yn toddi.
2. Ychwanegwch y powdr cacao a'r sudd masarn a'r *adaptogen* a thynnu'r sosban oddi ar y gwres. Cymysgwch y cyfan â llwy bren.
3. Arllwyswch y cymysgedd i mewn i fowld silicon a'i roi yn y rhewgell i galedu am tua awr.

CACENNAU CAWS HUFEN DA!, MATCHA A LEMWN

CYNHWYSION

Y CRYSTIAU

½ cwpan o almonau

5 datysen medjool

½ llwy fwrdd o olew cnau coco

1 llwy de o rin fanila

1 llwy fwrdd o olew cnau coco i iro

CYNHWYSION

YR HUFEN DA!

1 afocado

4 llwy fwrdd o sudd lemwn

5 llwy fwrdd o sudd masarn

1 llwy fwrdd o olew cnau coco

1 llwy de o rin fanila

1 llwy fwrdd o bowdr matcha

4 llwy fwrdd o laeth cnau coco

¼ llwy de o Halen Môn

DIGON I 2 NEU FWY

Dull y crwst

1. Rhowch yr almonau yn y prosesydd bwyd a'u cymysgu nes eu bod yn troi'n flawd.
2. Ychwanegwch weddill y cynhwysion at yr almonau a phrosesu i greu cymysgedd trwchus, gludiog.
3. Irwch waelod ac ochrau'r tun myffin ag olew cnau coco a dechrau rhannu'r cymysgedd i mewn i'r tun yn gyfartal. Gwasgwch y cymysgedd i lawr â chefn llwy nes ei fod yn llyfn. Anelwch at ddyfnder o tua hanner modfedd ym mhob cafn.
4. Rhowch y tun yn y rhewgell a'i adael yno tra eich bod yn paratoi'r gacen gaws hufen da!, matcha a lemwn.

Dull yr hufen da!

1. Torrwch yr afocado yn ei hanner a chael gwared o'r garreg a'r croen.
2. Rhowch holl gynhwysion yr hufen da! yn y cymysgydd am tua 40 eiliad neu nes eu bod yn debyg i hufen.
3. Tynnwch y tun allan o'r rhewgell a rhannu'r hufen da! rhwng y crystiau yn gyfartal.
4. Rhowch nhw yn ôl yn y rhewgell er mwyn caledu a'u gadael am o leiaf 3 awr, neu dros nos yn ddelfrydol.
5. Dylech adael iddyn nhw feddalu rhyfwaint am tua 10/15 munud cyn eu rhyddhau'n ofalus â chyllell finiog a'u mwynhau.

HAF

Dyma'r adeg rydym yn mwynhau ac yn ymddiddori mewn ymarfer corff yn yr awyr agored unwaith eto ac yn dechrau treulio llawer mwy o amser yn yr awyr iach, yn gwneud y mwyaf o'r tywydd braf. Am ein bod yn gwneud ymdrech i edrych ar ôl ein hunain yn gorfforol, mae gennym fwy o ddiddordeb yn y pethau rydym yn eu bwyta ac rydym yn fwy gofalus wrth benderfynu pa fwyd i'w fwyta. Rwy wedi creu sawl rysáit yn y rhan hon er mwyn helpu i godi eich lefelau egni — er enghraifft, y peli pŵer neu'r smwddi protein gwyrdd sy'n berffaith fel byrbryd cyn neu ar ôl ymarfer corff.

DEFOD YR HAF

Mae'r haf yn adeg wych i gysylltu â natur, i gael eich ysbrydoli ac i fwynhau. Mae defod yr haf, er ei bod yn syml, yn un bwerus iawn sy'n gallu newid eich hwyliau o fewn eiliadau. Enw'r ddefod yw 'Daearu' neu 'Earthing', sy'n golygu cerdded yn droednoeth er mwyn cysylltu eich traed â'r ddaear. Ymarfer *Ayurvedic* yw Daearu. Fe allwch ei ymarfer unrhyw adeg o'r flwyddyn, ond yr haf yw'r amser mwyaf pleserus am fod y tir yn gynhesach ac yn sychach nag yn ystod unrhyw dymor arall. Yn ogystal â'ch galluogi i ailgysylltu â natur, mae'r ymarfer hwn yn helpu i ostwng curiad y galon, lleddfu llid, tawelu'r system nerfol a gwella cylchrediad y gwaed.

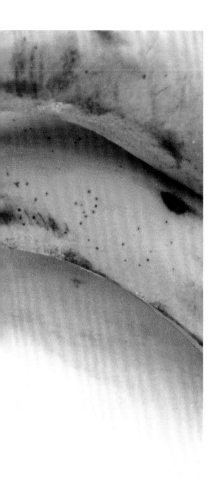

SMWDDI PROTEIN GWYRDD

CYNHWYSION

1 cwpan o gêl

1 banana

1 sgŵp o brotein Sunwarrior

½ cwpan o laeth ceirch

1 llwy de o bowdr Ashwagandha, He Shou Wo neu Mucuna pruriens (opsiynol – mae mwy o wybodaeth am y cynhwysion hyn ar dudalen 53).

DIGON I 1

Mae'r smwddi hwn yn berffaith i'w yfed ar ôl ymarfer corff am fod y protein yn helpu i dyfu ac adfer cyhyrau a ffeibrau'r corff sy'n rhwygo pan ydym yn cadw'n heini. Mae mwy o wybodaeth am y protein rwyf i'n ei ddefnyddio ac yn hoff iawn ohono ar dudalen 51.

Dull

1. Rhowch holl gynhwysion y smwddi i mewn i'r peiriant a'u cymysgu am tua 30 eiliad.
   Fe allwch newid faint o laeth rydych yn ei ddefnyddio gan ddibynnu pa mor drwchus rydych chi eisiau'r smwddi.

SUDD MELON DŴR A MINTYS

Mae'r cliw i'r rheswm mae'r ddiod hon mor dda i chi yn yr enw – melon dŵr! Mae'n bwysig iawn ein bod ni wedi'n hydradu yn ddigonol, yn enwedig yr adeg yma o'r flwyddyn, ac mae'r ddiod hon nid yn unig yn berffaith ar gyfer hynny ond yn blasu'n fendigedig hefyd!

CYNHWYSION

3 chwpan o felon dŵr

¼ cwpan o ddail mintys

1 fodfedd o sinsir amrwd (opsiynol)

DIGON I 1

Dull

1. Torrwch y melon dŵr yn ei hanner, ac yna yn chwarteri er mwyn ei gwneud hi'n haws mesur gwerth 3 chwpan ohono. Fe allwch roi'r croen yn y bin compost.
2. Golchwch y mintys a'r sinsir amrwd cyn rhoi'r holl gynhwysion yn y peiriant gwneud sudd, un darn ar y tro. Cofiwch yfed y ddiod yn syth er mwyn cael cymaint o faeth ag sy'n bosib ohoni.

TE LLYSIEUOL CAMOMIL, *PASSIFLORA* A LAFANT WEDI'U TRWYTHO

Mae'r tri llysieuyn hwn yn ardderchog ar gyfer helpu'r corff a'r meddwl i ymlacio. Mae'n de perffaith ar gyfer pobl â bywydau prysur sy'n ei chael hi'n anodd arafu. Am fod yr haf yn adeg pan mae pobl fel arfer yn ymddiddori yn fwy mewn ymarfer corff, mae'r ddiod hon yn ddewis da er mwyn galluogi'r corff i ymlacio.

CYNHWYSION

¼ cwpan o gamomil

¼ cwpan o flodau'r dioddefaint neu lysiau poen

¼ cwpan o lafant

DIGON I 1

Dull

1. Rhowch y perlysiau mewn *cafetière* a'i lenwi i'r brig â dŵr poeth.
2. Rhowch gaead y *cafetière* yn ôl ymlaen ond peidiwch â gwasgu'r gwthiwr i lawr.
3. Gadewch y cymysgedd i drwytho am tua 4–8 awr, neu, yn well byth, dros nos.
4. Ar ôl aros i'r perlysiau drwytho, pwyswch wthiwr y *cafetière* i lawr gan wasgu'r perlysiau i'r gwaelod.
5. Mae'n bosib yfed y te yn gynnes neu yn oer. Os hoffech chi de cynnes, cynheswch e mewn sosban gan ofalu peidio â'i ferwi rhag colli rhywfaint o'r maeth.
6. Arllwyswch weddill y cymysgedd i gynhwysydd â chaead tyn a'i gadw yn yr oergell. Fel arfer fydd y te ond yn cadw'i faeth am tua 48 awr, felly gwnewch yn siŵr eich bod yn ei yfed o fewn yr amser hwnnw.

LATTE RHOSYN

Maen nhw'n dweud bod cynnyrch sy'n cynnwys rhosyn, boed yn gynnyrch croen neu'n fwyd, yn gallu codi eich ysbryd ac mae unrhyw beth sy'n gallu gwneud hynny yn werth ei greu. Mae rhosyn hefyd yn gynhwysyn sy'n enwog am leddfu poen gwddf a phen tost.

CYNHWYSION

1 cwpan o laeth ceirch neu laeth almon

1 llwy de o bowdr betys

½ llwy de o ddŵr rhosyn

½ llwy de o rin fanila

1 llwy de o sudd masarn (opsiynol)

½ llwy de o betalau rhosyn (opsiynol)

Dull

1. Rhowch y llaeth, y powdr betys a'r dŵr rhosyn un ai mewn ffrothiwr llaeth neu mewn sosban a'u cynhesu. Os ydych yn defnyddio sosban ar stof, gofalwch beidio â berwi'r hylif.
2. Pan mae'r cymysgedd wedi cynhesu, ychwanegwch y rhin fanila a'r sudd masarn, os ydych yn dewis ei ychwanegu, a'i gymysgu â llwy de.
3. Unwaith mae popeth wedi'i gymysgu'n iawn, fe allwch addurno'r *latte* drwy wasgaru petalau rhosyn ar ei ben.

IOGWRT CASHIW

CYNHWYSION

1 cwpan o gnau cashiw wedi'u socian dros nos

¼ llwy de o bowdr profiotig (fy ffefryn yw Bio-Kult)

2 lwy fwrdd o sudd masarn

1 llwy de o rin fanila

¼ llwy de o Halen Môn

DIGON I 2 NEU FWY

Dull

1. Rhowch y cnau cashiw mewn powlen a'u gorchuddio â dŵr a'u gadael i socian dros nos.

2. Pan mae'r cashiw yn barod, rhowch holl gynhwysion yr iogwrt yn y cymysgydd a chymysgu am o leiaf 30–40 eiliad nes ei fod yn debyg i hufen trwchus.

3. Rhowch y cymysgedd mewn jar wydr lân a rhoi napcyn dros ei phen, a chlymwch y napcyn yn ei le â dolen lastig.

4. Gadewch e am 24 i 36 awr, gan ddibynnu pa mor sur rydych chi eisiau'r iogwrt. Bydd yn mynd yn fwy sur gydag amser.

5. Cadwch yr iogwrt yn yr oergell mewn jar wydr gyda napcyn ar ei phen yn gaead. Fe fydd yn para am tua 1–2 wythnos.

PELI PŴER COFFI GYDAG EISIN SIOCLED

CYNHWYSION Y PELI PŴER

1 cwpan o almonau

9 datysen medjool

1 llwy fwrdd o olew cnau coco

2 lwy fwrdd o bowdr siocled cacao

OPSIYNOL

2 lwy de o rin coffi

1 llwy fwrdd o faca

1 llwy de o Mucuna pruriens neu unrhyw *adaptogen* arall o'ch dewis chi

2 lwy fwrdd o flawd cnau coco

1 llwy fwrdd o betalau rhosyn

CYNHWYSION YR EISIN SIOCLED

3 llwy fwrdd o olew cnau coco

1½ llwy fwrdd o bowdr siocled cacao

1½ llwy fwrdd o sudd masarn

Blawd cnau coco neu betalau rhosyn i'w addurno (opsiynol)

DIGON I 2

Fe allwch chwarae â'r rysáit hon gan gyfnewid y cnau almon am gnau cashiw neu ychwanegu powdr *superfood* fel *spirulina* neu maca at y cymysgedd. Fe allwch hefyd ychwanegu *adaptogens* gan ddewis y rhai sy'n gweithio orau i chi ar y pryd. Darllenwch fwy am fuddion *adaptogens* ar dudalennau 51–3.

Dull y peli pŵer

1. Rhowch yr almonau yn y prosesydd bwyd a chymysgu nes eu bod yn troi'n flawd.
2. Ychwanegwch weddill cynhwysion y peli pŵer at y blawd almonau a phrosesu nes eu bod yn creu cymysgedd trwchus, gludiog.
3. Gan ddefnyddio eich dwylo, rholiwch y cymysgedd yn beli bach (maint pêl golff) a'u rhoi i'r naill ochr ar dun pobi. Unwaith y byddwch wedi defnyddio'r cymysgedd i gyd, rhowch y tun yn yr oergell tra eich bod yn mynd ati i greu'r eisin siocled.

Dull yr eisin siocled

1. Rhowch holl gynhwysion yr eisin siocled mewn sosban a'u cymysgu â llwy bren nes eu bod yn troi'n hylif llyfn.
2. Tynnwch y peli pŵer allan o'r oergell. Yna, un ar y tro, dipiwch nhw yn yr eisin siocled nes eu bod wedi'u gorchuddio. Does dim rhaid eu gorchuddio nhw i gyd. Opsiwn arall fyddai gorchuddio un neu ddwy â blawd cnau coco neu betalau rhosyn. Os felly, gwnewch hynny'n syth ar ôl dipio'r peli yn y siocled er mwyn i'r blawd cnau coco neu'r petalau allu glynu i'r siocled cyn iddo galedu.
3. Rhowch y peli yn ôl yn yr oergell am 10 munud er mwyn i'r siocled galedu. Unwaith maen nhw'n barod, cadwch nhw yn yr oergell. Fe fyddan nhw'n cadw am tua phythefnos.

PWDIN CHIA

CYNHWYSION

6 llwy fwrdd o hadau chia

1 cwpan o laeth ceirch neu
laeth almon

½ llwy de o rin fanila

1 llwy de o sudd masarn

1 llwy de o Mucuna pruriens
neu unrhyw *adaptogen* **o'ch**
dewis chi (opsiynol – mae mwy
o wybodaeth am *adaptogens* **ar**
dudalennau 51–3)

DIGON I 1

Dull

1. Rhowch holl gynhwysion y pwdin chia mewn pot gwydr â chaead tyn a'i ysgwyd er mwyn cymysgu'r hadau â gweddill y cynhwysion.

2. Gadewch y pot gwydr yn yr oergell dros nos, gyda'r caead arno, a mwynhau'r pwdin yn y bore. Fe allwch un ai ei fwyta ar ei ben ei hun neu ychwanegu ffrwythau, cnau neu iogwrt cashiw.

HUFEN CAWS CASHIW A RHOSMARI GYDAG AFOCADO AR DOST

CYNHWYSION YR HUFEN CAWS CASHIW A RHOSMARI

1 cwpan o gnau cashiw wedi'u socian dros nos

2 sbrigyn o rosmari

1 lemwn wedi'i wasgu (y sudd yn unig)

1 llwy fwrdd o iogwrt cashiw (tudalen 89) neu iogwrt cnau coco

4 llwy de o finegr seidr afal

CYNHWYSION YR AFOCADO AR DOST

2 afocado

4 darn o fara surdoes neu fara heb glwten

1 llwy fwrdd o finegr seidr afal

1 llwy de o damari

½ llwy de o bupur

½ llwy de o tsili fflawiog

DIGON I 2

Dull yr hufen caws cashiw a rhosmari

1. Rhowch y cnau cashiw mewn powlen a'i llenwi â digon o ddŵr i'w gorchuddio. Gadewch nhw i socian dros nos.
2. Pan mae'r cnau yn barod, rhowch nhw mewn prosesydd bwyd. Pliciwch y rhosmari oddi ar y goes a'i ychwanegu at y cashiw, y sudd lemwn, yr iogwrt a'r finegr seidr afal. Cymysgwch am tua 40 eiliad nes ei fod yn debyg i hufen.
3. Fe allwch ychwanegu ychydig bach o ddŵr i'r cymysgedd os ydych eisiau i'r hufen fod yn fwy hylifog.
4. Fe allwch gadw'r hufen caws cashiw a rhosmari yn yr oergell am hyd at bythefnos.

Dull yr afocado ar dost

1. Torrwch y ddau afocado yn eu hanner a chael gwared o'r cerrig a'r croen. Rhowch y gweddill mewn powlen.
2. Tostiwch y bara.
3. Ychwanegwch y finegr seidr afal, y tamari, y pupur a'r tsili fflawiog at yr afocado a chymysgu'n dda gyda fforc.

4. Rhowch yr hufen caws cashiw a rhosmari ar ben y tost yn gyntaf, yna rhowch yr afocado ar ei ben. Mwynhewch!

OMLED

CYNHWYSION

1 winwnsyn mawr

300g o datws bach

2 lwy fwrdd o olew cnau coco

1 cwpan o flawd amlbwrpas organig heb glwten

1 cwpan o ddŵr wedi'i hidlo

1 llwy de o Halen Môn

1 llwy de o bupur

DIGON I 2

Dull

1. Torrwch yr winwnsyn yn fân a'i roi i'r naill ochr.

2. Golchwch a phliciwch y tatws bach a'u torri'n bedwar darn cyn eu rhoi mewn sosban a'u gorchuddio â dŵr oer wedi'i hidlo. Cynheswch y stof i wres uchel nes bod y dŵr yn dechrau berwi, yna trowch y gwres i lawr i wres canolig a rhoi caead ar y sosban fel bod y tatws yn coginio mewn dŵr sy'n berwi'n ysgafn am tua 15–20 munud.

3. Rhowch 1 llwy fwrdd o'r olew cnau coco mewn sosban arall a gadael iddo doddi, cyn ychwanegu'r winwnsyn a'i goginio ar wres canolig am tua phum munud.

4. Tra bod yr winwnsyn yn coginio, cymysgwch y blawd a'r dŵr mewn powlen.

5. Unwaith mae'r tatws yn barod, defnyddiwch ridyll i ddraenio'r dŵr. Rhowch y tatws yn ôl yn y sosban ac ychwanegu'r halen, y pupur, yr winwnsyn a'r cymysgedd blawd a chymysgu'r cyfan gyda'i gilydd. Nid oes angen rhoi'r sosban yn ôl ar y gwres.

6. Rhowch 1 llwy fwrdd o'r olew cnau coco mewn sosban (haearn bwrw os yn bosib) a'i adael i ddoddi ar wres uchel.

7. Unwaith mae'r sosban yn gynnes, rhowch gymysgedd yr omled ynddi a throi'r gwres i lawr ychydig i wres canolig / isel. Coginiwch y gwaelod am tua 7–8 munud. Cadwch olwg arno i weld a oes angen mwy o amser – fe fydd yr ochrau yn dechrau caledu.

8. Unwaith i'r gwaelod goginio a bod modd codi'r omled gydag ysgrafell, trowch yr omled drosodd a choginio'r ochr arall am yr un faint o amser. Os ydych yn ddihyder wrth droi'r omled, fe allwch goginio'r top o dan y gril.

SALAD CESAR Â THALPIAU *TEMPEH*, *CROUTONS* CARTRE A SAWS CNAU CASHIW HUFENNOG

Peidiwch â bod ofn y rysáit hon! Mae wastad yn syniad edrych drwy'r rhestr gynhwysion i weld beth sydd yn y tŷ yn barod. Fe allwch fynd ati i greu un rhan o'r rysáit, e.e. y talpiau *tempeh*, am eu bod yn flasus ar eu pennau eu hunain neu gyda'r saws goji ar dudalen 76–7. Mae'r *croutons* hefyd yn rysáit dda i'w chreu yn unigol ac yn wych gyda'r cawl madarch hufennog ar dudalen 100.

Mae'r saws cashiw hufennog yn para dros wythnos yn yr oergell, felly fe allwch ei ailddefnyddio trwy ei roi ar ben popeth, bron iawn. Mae'n sicr yn werth yr amser mae'n ei gymryd i'w greu!

CYNHWYSION Y *CROUTONS* CARTRE

5 darn o fara
(heb glwten os yn bosib)
1 llwy de o rosmari
1 llwy de o oregano
¼ cwpan o olew olewydd

CYNHWYSION Y TALPIAU *TEMPEH*

1 darn 8 owns o *tempeh*
1 llwy de o olew cnau coco
1 llwy de o Halen Môn
½ llwy de o bupur
1 ewin o arlleg
¼ cwpan o iogwrt cashiw
(ewch i dudalen 89) neu iogwrt cnau coco
3 llwy fwrdd o laeth ceirch neu laeth almon
1 llwy de o sudd masarn
1 llwy de o oregano
½ llwy de o baprica
½ llwy de o Halen Môn
½ llwy de o bupur
1 cwpan o almonau

CYNHWYSION Y SAWS CNAU CASHIW HUFENNOG

1 cwpan o gnau cashiw wedi'u socian dros nos. Os ydych yn gwneud y rysáit ar frys, fe allwch ferwi'r cnau am hanner awr yn lle hynny, ond mae wastad yn well gadael iddyn nhw socian os oes modd.
2 lwy fwrdd o furum maethlon
2 lwy fwrdd o sudd lemwn
¼ cwpan o ddŵr wedi'i hidlo
1 ewin o arlleg
1 llwy de o finegr seidr afal
½ llwy de o Halen Môn
½ llwy de o bupur

CYNHWYSION Y SALAD

3 chwpan o gêl
2 lwy de o Halen Môn
Sudd hanner lemwn

DIGON I 2

Dull y *croutons* cartre

1. Cynheswch y popty i 180°C.
2. Yn ofalus, torrwch y bara yn giwbiau maint *croutons* arferol.
3. Cymysgwch y cynhwysion eraill i gyd mewn powlen. Yna, ychwanegwch y ciwbiau bara gan wneud yn siŵr eu bod i gyd yn cael eu gorchuddio â'r hylif.
4. Rhowch y darnau bara ar dun pobi a'u coginio am 15 munud.

Dull y talpiau *tempeh*

1. Torrwch y *tempeh* yn giwbiau hwylus i'w bwyta. Rhowch yr olew cnau coco mewn sosban a'i gynhesu ar wres canolig.
2. Yna, ychwanegwch y darnau *tempeh* i'r sosban a'u coginio gyda'r halen a phupur am 10–15 munud, nes eu bod wedi cynhesu drwodd.
3. Rhowch y cynhwysion eraill, heblaw am yr almonau, yn y cymysgydd a chymysgu'n dda nes eu bod yn creu hylif llyfn.
4. Rhowch y cnau almon mewn prosesydd bwyd a phrosesu nes eu bod yn fân. Gofalwch nad ydych yn gorbrosesu.
5. Unwaith mae'r *tempeh* yn barod, dipiwch y darnau yn yr hylif (o'r cymysgydd) ac yna eu gorchuddio â'r cnau almon. Bydd yr almon yn glynu i'r hylif i greu 'crwst'.
6. Rhowch y darnau yn y popty a'u coginio am tua 15–20 munud, gan gadw llygad arnyn nhw rhag iddyn nhw losgi.

Dull y saws cnau cashiw hufennog

1. Rhowch holl gynhwysion y saws cnau cashiw yn y cymysgydd a chymysgu nes eu bod yn creu hylif trwchus, hufennog. Ychwanegwch ychydig mwy o ddŵr os yw'r cymysgedd yn rhy drwchus.
2. Fe allwch gadw'r saws mewn jar â chaead tyn yn yr oergell am tua phythefnos.

Dull y salad

1. Rhowch y cêl mewn powlen gyda'r halen a'r lemwn a'u cymysgu'n dda gyda'ch dwylo. Rhowch y talpiau *tempeh* a'r *croutons* ar ben y salad ac yna arllwys y saws cnau cashiw hufennog ar eu pennau. Mwynhewch!

DYSGL O NWDLS CYNHESOL

CYNHWYSION

1 llwy fwrdd o sinsir amrwd

1 winwnsyn

1 ewin o arlleg

1 llwy fwrdd o olew sesame

½ cwpan o foron

½ cwpan o gêl

3 chwpan o ddŵr wedi'i hidlo

Nwdls soba, reis brown neu wenith yr hydd (digon i ddau)

2 lwy fwrdd o bast miso

1 llwy de o 5 sbeis Tsieineaidd

2 lwy de o finegr eirin Ume

DIGON I 2

Dull

1. Torrwch y sinsir amrwd, yr winwnsyn a'r garlleg yn ddarnau mân.
2. Rhowch yr olew sesame mewn sosban a'i gynhesu ar wres canolig.
3. Ychwanegwch y sinsir, yr winwnsyn a'r garlleg a'u coginio nes eu bod yn melynu.
4. Nesaf, pliciwch groen y moron a'u torri'n sleisiau. Golchwch y cêl, yna ychwanegu'r ddau lysieuyn hyn i'r sosban gyda'r sinsir, yr winwnsyn a'r garlleg a'u coginio am 5–10 munud.
5. Gofalwch beidio â gorgoginio'r llysiau am fod angen eu cadw'n ddigon crensiog.
6. Ychwanegwch y dŵr i'r sosban a chynyddu'r gwres nes iddo ddod i'r berw.
7. Unwaith mae'r dŵr yn berwi, trowch y gwres i lawr ac ychwanegu'r nwdls. Coginiwch nhw am tua 2–5 munud, neu ddilyn cyfarwyddiadau'r pecyn.
8. Yn olaf, ychwanegwch y past miso, y 5 sbeis Tsieineaidd a'r finegr eirin. Mwynhewch!

CAWL MADARCH HUFENNOG

CYNHWYSION

1 llwy de o olew cnau coco

2 winwnsyn

2 glof o arlleg

290g o fadarch

1 llwy de o oregano

1 llwy de o rosmari

½ llwy de o Halen Môn

½ llwy de o bupur

1½ cwpan o stoc madarch

½ tun o laeth cnau coco

1 llwy de o bersli

DIGON I 2

Dull

1. Cynheswch yr olew cnau coco mewn sosban ar wres canolig a'i adael i doddi. Torrwch yr winwns a'r garlleg yn fân cyn eu rhoi yn y sosban gyda'r olew cnau coco. Coginiwch am 5–10 munud nes eu bod yn melynu.

2. Golchwch a thorrwch y madarch yn sleisiau a'u rhoi yn y sosban gyda'r garlleg a'r winwnsyn.

3. Ychwanegwch yr oregano, y rhosmari, yr halen a'r pupur a'u coginio ar wres canolig am tua 5–10 munud, nes bod y madarch wedi brownio a meddalu.

4. Nesaf, ychwanegwch y stoc madarch at weddill y cynhwysion a gadael i'r cyfan goginio ar wres isel am tua 10 munud.

5. Yn olaf, ychwanegwch y llaeth cnau coco at weddill y cynhwysion a'u coginio ar wres isel am tua 20–30 munud, gan droi'r cyfan yn awr ac yn y man.

6. Pan ydych yn barod i'w fwynhau, gwasgarwch binsiad o bersli ar ei ben. Mwynhewch!

HUFEN DA! RIWBOB A BANANA

CYNHWYSION

500g o riwbob

2 lwy fwrdd o sudd masarn

1 llwy de o rin fanila

100ml o ddŵr

Pinsiad o Halen Môn

3 banana (aeddfed os yn bosib)

I'W RHOI AR BEN YR HUFEN DA! (OPSIYNOL)

½ cwpan o gnau Ffrengig

2 lwy fwrdd o sudd masarn

DIGON I 2

Dull

1. Rhowch y riwbob mewn sosban gyda'r dŵr, y sudd masarn a'r halen a gadael y ffrwythau i feddalu ar wres canolig am tua 10–15 munud.

2. Yna, rhowch y riwbob a'r sudd yn y cymysgydd a'u cymysgu gyda'r rhin fanila nes eu bod yn hylif llyfn.

3. Sleisiwch y bananas ar blât a'u rhoi yn y rhewgell.

4. Rhowch y cymysgedd riwbob mewn bocs â chaead tyn a'i roi yn y rhewgell. Gadewch y banana a'r riwbob yn y rhewgell am o leiaf 2 awr.

5. Unwaith maen nhw wedi cael digon o amser yn y rhewgell, rhowch y sleisiau banana mewn prosesydd bwyd a chymysgu nes eu bod yn llyfn. Gadewch i'r riwbob feddalu ychydig bach.

6. Gan ddechrau gyda'r riwbob, adeiladwch haenau o'r banana a'r riwbob, un ar ôl y llall, mewn jar neu bot gwydr, gan orffen gyda haen uchaf o'r cnau Ffrengig a'r sudd masarn. Rwy'n hoffi hen jariau menyn cnau almon gwydr.

CYFFUG MENYN ALMON

CYNHWYSION

½ cwpan o fenyn cacao

1½ cwpan o fenyn almon

½ cwpan o ddêts medjool

¼ llwy de o Halen Môn

DIGON I 2 NEU FWY

Dull

1. Rhowch y menyn cacao mewn sosban a'i doddi ar wres canolig. Gofalwch beidio â'i losgi.
2. Unwaith mae'r menyn cacao wedi toddi, rhowch holl gynhwysion y cyffug menyn almon mewn prosesydd bwyd a phrosesu nes eu bod yn llyfn.
3. Rhowch ddarn o bapur gwrthsaim mewn tun browni neu dun arall tebyg a gwasgaru'r cymysgedd yn y tun yn wastad.
4. Yna, rhowch y cyffug yn y rhewgell a'i adael am o leiaf 3 awr er mwyn iddo galedu.
5. Unwaith mae'n barod, tynnwch y cyffug o'r rhewgell a'i adael am tua 10–15 munud, yna ei dorri'n ddarnau hwylus i'w bwyta a'i fwynhau yn syth. Fe allwch ei gadw yn yr oergell am hyd at fis.

MOUSSE SIOCLED

Dyma'r pwdin mwyaf blasus, hawdd a maethlon yn y byd! Mae'r cynhwysion yn rhai sydd un ai yn y gegin yn barod, neu'n hawdd dod o hyd iddyn nhw.

CYNHWYSION

1 banana

1 afocado

2 lwy fwrdd o sudd masarn

2 lwy fwrdd o bowdr siocled cacao

1 llwy de o fadarch *lion's mane* neu unrhyw *adaptogen* arall o'ch dewis chi (opsiynol – mae mwy o wybodaeth am *adaptogens* ar dudalennau 51–3)

I'W RHOI AR EI BEN (OPSIYNOL)

1 llwy fwrdd o hadau chia

1 llwy fwrdd o hufen cnau coco (gweler y rysáit ar dudalen 69)

DIGON I 2

Dull

1. Rhowch holl gynhwysion y *mousse* mewn prosesydd bwyd a phrosesu am tua 40 eiliad i greu cymysgedd llyfn a thrwchus.

2. Os ydych yn defnyddio hadau chia, rhowch y *mousse* mewn powlen a gwasgaru haen o'r hadau ar ei ben.

3. Fe allwch ei gadw yn yr oergell mewn bocs â chaead tyn am hyd at wythnos.

HYDREF

Mae'r hydref yn amser i ddechrau arafu a meddwl am baratoi ein hunain a'n cartrefi ar gyfer y tywydd oer fydd yn dilyn yn y misoedd nesaf. Yr adeg hon o'r flwyddyn yw fy ffefryn i. Pan mae'r dail yn dechrau troi eu lliw a'r tywydd yn oeri, mae teimlad hynod o gysurus i'r nosweithiau. Un o fy hoff lysiau yw pwmpen ac rwy'n defnyddio llawer iawn ohoni drwy'r tymor am ei bod mor hyblyg a blasus.

Gyda'r tywydd yn troi, mae llawer o afiechydon yn lledaenu yn yr hydref, felly mae'n syniad da bwyta cymaint o fwydydd iachus, llawn fitaminau ag sy'n bosib er mwyn paratoi'r corff i'w hymladd nhw. Fe allwch weld fy mod yn dechrau cyflwyno prydau twym sy'n defnyddio lot o lysiau gwraidd yn ogystal â diodydd sy'n cynnwys llysiau a sbeisys, fel sinsir a thyrmerig, er mwyn helpu'r system imiwnedd i ymdopi â'r tymor newydd.

DEFOD YR HYDREF

Mae'r hydref yn amser perffaith i ddechrau meddwl am ailflaenoriaethu ac ailddyfeisio'r ffordd rydym yn meddwl a'r cwrs mae ein bywyd yn ei ddilyn. Mae hefyd yn amser perffaith i ddarganfod y pethau yr hoffem eu gollwng a dechrau meddwl am y pethau yr hoffem eu cyflwyno i'n bywydau. Un o fy hoff bethau i'w gwneud yr adeg hon o'r flwyddyn, yn ogystal â choginio'r ryseitiau blasus hyn, yw clirio a glanhau aer y tŷ.

Mae'n hawdd iawn anghofio sut mae egni'n effeithio ar ein hiechyd a'n hwyliau. Trwy ddilyn y ddefod yma fe allwch gael gwared ar unrhyw egni negyddol o'r gofod lle rydych yn byw ac o'ch enaid. Mae'r weithred hon yn gallu helpu i dawelu'r system nerfol, lleddfu poen meddwl a hefyd eich helpu i deimlo eich bod 'yn y foment'. Unwaith i chi gyflawni'r ddefod, fe allwch wahodd ffrindiau a theulu draw i fwynhau'r egni newydd yn y tŷ a chreu teimlad cynnes o fewn eich pedair wal.

Cyn i chi ddechrau, mae'n bwysig bod y gofod rydych yn ei lanhau wedi'i awyru er mwyn i'r mwg sy'n cario'r egni negyddol allu dianc.

Byddwch angen: saets, powlen neu gragen, a matsien. Rhowch y saets mewn cragen neu ar arwyneb diogel er mwyn osgoi tân, a'i gynnau.

Fe allwch ddechrau drwy glirio'r aer mewn un ystafell neu symud drwy'r tŷ cyfan. Meddyliwch am eich bwriadau cadarnhaol, a symud y saets o gwmpas yr ystafell gan gofio canolbwyntio ar gorneli'r ystafell yn ogystal â'r canol.

SUROP SBEIS PWMPEN

CYNHWYSION

¼ cwpan o siwgr cnau coco

½ cwpan o sudd masarn

⅓ cwpan o biwrî pwmpen (o dun)

1 llwy fwrdd o sinamon

1 llwy de o nytmeg

½ llwy de o sbeis clofs

1 llwy de o rin fanila

½ llwy de o Halen Môn

DIGON I 2 NEU FWY

Rwy wrth fy modd yn creu y surop sbeis pwmpen hwn yn yr hydref. Rwy wrth fy modd pan mae'r dail yn newid lliw, y tywydd yn oeri a ninnau'n dechrau meddwl am arafu a mwynhau nosweithiau o flaen y tân yn gwylio rhaglenni dogfen neu ddrama dda ar Netflix! Does dim ffordd well o ddathlu'r adeg yma o'r flwyddyn na thrwy greu surop sbeis pwmpen i'w roi mewn coffi neu ei fwynhau â phwdin. A'r bwmpen yn ei hanterth, mae'r sbeis blasus hwn yn un poblogaidd iawn. Mae'r cwmnïau coffi mawr yn cynnig ychwanegu sbeis pwmpen at ddiodydd, a'r rheini'n aml iawn yn llawn siwgr a melyswyr artiffisial. Mae fy rysáit i'n para am fis o leiaf a dim ond un llwy de o'r surop sydd ei angen i drawsnewid eich diod. Fe allwch fwynhau'r blas bendigedig hwn unrhyw bryd, adre neu yn y gwaith, yn sicr eich meddwl bod y cymysgedd rydych chi'n ei ychwanegu yn iach ac yn fuddiol i'r corff.

Dull

1. Rhowch holl gynhwysion y surop mewn sosban a'u cynhesu yn araf ar wres canolig. Gofalwch beidio â'u llosgi.
2. Cynheswch y cymysgedd am 5–10 munud, a'i droi bob hyn a hyn.
3. Unwaith y bydd popeth wedi'i gymysgu'n dda, tynnwch y sosban oddi ar y gwres a gadael i'r surop oeri.
4. Fe allwch gadw'r surop sbeis pwmpen mewn hen jar sudd masarn neu jar wydr arall â chaead tyn a'i ddefnyddio o fewn y mis.

POWDR SBEIS PWMPEN

CYNHWYSION

4 llwy de o sinamon

2 lwy de o sinsir

½ llwy de o sbeis clofs

1 llwy de o nytmeg

Os nad ydych yn gallu cael gafael ar sbeis pwmpen er mwyn ei roi mewn pwdinau, smwddis neu brydau, yna peidiwch â phoeni! Mae'n ddigon hawdd creu eich sbeis eich hun. Mae'n para am oes, felly fe allwch ei gadw yn y cwpwrdd tan y flwyddyn nesaf, os nad ydych wedi'i ddefnyddio i gyd, wrth gwrs!

Dull

1. Rhowch holl gynhwysion y sbeis pwmpen mewn powlen a'u cymysgu. Fe allwch ei gadw mewn jar wydr â chaead tyn.

SUDD TYRMERIG A SINSIR

CYNHWYSION

1 fodfedd o wreiddyn tyrmerig

1 fodfedd o wreiddyn sinsir

1 lemwn

1 ciwcymber

¼ llwy de o bupur

DIGON I 1

Yn nhymor yr hydref rydym yn aml yn ymladd afiechydon neu salwch am fod y tywydd yn dechrau troi a'r tymheredd yn gostwng. Mae'n bwysig ein bod yn edrych ar ôl ein hunain yr adeg yma o'r flwyddyn ac mae'r sudd hwn yn ffordd berffaith o wneud hynny! *Curcumin* yw prif gynhwysyn tyrmerig ac mae'n adnabyddus am fod yn wrthlidiol ac yn wrthocsidiol. Mae tyrmerig yn cael ei ddefnyddio fel llysieuyn meddyginiaethol ers canrifoedd. Mae sinsir hefyd yn cael ei ddefnyddio fel llysieuyn meddyginiaethol, yn arbennig ar gyfer treulio bwyd a delio â chyfog a theimlo'n sâl.

Oherwydd ei bod hi'n anodd i'r corff dreulio *curcumin*, mae'n syniad da ychwanegu pupur i'r sudd er mwyn ei helpu i amsugno'r maeth. Yr amser gorau i yfed y ddiod hon yw y peth cyntaf yn y bore ar stumog wag.

Dull

1. Torrwch fodfedd o dyrmerig a sinsir. Pliciwch groen y lemwn a rhoi'r cnawd yn y peiriant sudd gyda'r ciwcymber, y tyrmerig a'r sinsir.
2. Pan fydd y sudd yn barod ychwanegwch y pupur yn olaf a'i yfed yn syth.

SUDD POETH LEMWN, OREN A THYRMERIG

CYNHWYSION

1 oren

1 lemwn

½ modfedd o wreiddyn tyrmerig

¼ llwy de o bupur

DIGON I 1

Mae'r ddiod hon yn berffaith pan ydych mewn gwendid neu yn sâl. Mae'n debyg i'r sudd tyrmerig a sinsir o ran cynhwysion ac yr un fath o ran maeth, ond mae'r oren yn cynnig dos wych o fitamin C os ydych chi wedi blino neu'n ymladd afiechydon.

Dull

1. Pliciwch groen yr oren a'r lemwn a'u rhoi yn y peiriant sudd gyda'r tyrmerig.
2. Rhowch y sudd mewn sosban a'i dwymo'n araf ar wres canolig. Peidiwch â'i ferwi.
3. Pan fydd yn barod ychwanegwch y pupur yn olaf a'i yfed yn syth.

LATTE TYRMERIG

CYNHWYSION

1 fodfedd o wreiddyn tyrmerig

1 llwy fwrdd o sudd masarn

¼ llwy de o bupur

1 cwpan o laeth ceirch neu laeth almon

DIGON I 1

Mae'n bosib prynu powdr *latte* tyrmerig mewn sawl lle erbyn hyn, ond does dim byd yn blasu cystal nac mor fendigedig â *latte* tyrmerig ffres sydd wedi ei greu gartre. Mae creu y *latte* hwn hefyd yn ffordd wych o wybod yn union beth sydd yn y ddiod ac o sicrhau bod y cynhwysion yn rhai diwenwyn sy'n hollol ddiogel i'r corff.

Dull

1. Torrwch ddarnau o dop a gwaelod y tyrmerig yn unig, a'u rhoi yn y cymysgydd gyda holl gynhwysion y *latte* am tua 30–40 eiliad nes bod popeth wedi'i gymysgu'n dda.
2. Yna rhowch y cymysgedd mewn sosban a'i gynhesu'n araf, neu ei roi yn y ffrothiwr llaeth er mwyn ei gynhesu. Mwynhewch y *latte* yn syth!

TE YSGAW, EGROES A HIBISGWS WEDI'U TRWYTHO

CYNHWYSION

½ cwpan o eirin ysgaw

¼ cwpan o egroes

¼ cwpan o hibisgws

Mae'r cynhwysion uchod yn ardderchog i'ch helpu drwy dymor yr hydref. Maen nhw'n cadw'r system imiwnedd yn iach ac yn eich cadw'n glir rhag unrhyw afiechydon. Mae hibisgws yn cynnwys llawer iawn o fitamin C sy'n wych ar gyfer rhoi hwb i'r system imiwnedd. Mae eirin ysgaw hefyd yn adnabyddus am roi hwb i'r system imiwnedd ac yn dda iawn ar gyfer trin afiechydon fel y ffliw. Mae egroes yn cynnwys 40 gwaith yn fwy o fitamin C na lemwn – mae hynny'n lot! Felly mae rhoi'r tri llysieuyn hyn gyda'i gilydd i greu te wedi'i drwytho yn ffordd o greu cymysgedd pwerus iawn.

Dull

1. Rhowch y perlysiau mewn *cafetière* a'i lenwi i'r brig â dŵr poeth.
2. Rhowch gaead y *cafetière* yn ôl ymlaen ond peidiwch â gwasgu'r gwthiwr i lawr.
3. Gadewch y cymysgedd i drwytho am tua 4–8 awr, neu, yn well byth, dros nos.
4. Ar ôl aros i'r perlysiau drwytho, pwyswch wthiwr y *cafetière* i lawr gan wasgu'r perlysiau i'r gwaelod.
5. Mae'n bosib yfed y te'n gynnes neu yn oer. Os hoffech chi de cynnes, cynheswch e mewn sosban gan ofalu peidio â'i ferwi rhag colli rhywfaint o'r maeth.
6. Arllwyswch weddill y cymysgedd i gynhwysydd â chaead tyn a'i gadw yn yr oergell. Fel arfer fydd y te ond yn cadw'i faeth am tua 48 awr, felly gwnewch yn siŵr eich bod yn ei yfed o fewn yr amser hwnnw.

TOST FFRENGIG SBEIS PWMPEN AC AFAL

CYNHWYSION

4 darn o fara surdoes neu fara heb glwten

1 afal

1 cwpan o laeth cnau coco

½ cwpan o laeth ceirch neu laeth almon

2 lwy de o sudd masarn

1 llwy de o flawd amlbwrpas neu flawd amlbwrpas heb glwten

1 llwy de o sbeis pwmpen (tudalen 107) neu sinamon

Pinsiad o Halen Môn

1 llwy de o olew cnau coco

I'W RHOI AR EI BEN (OPSIYNOL)

Aeron

2 lwy fwrdd o sudd masarn

3 llwy fwrdd o iogwrt cashiw (tudalen 89)

DIGON I 2

Dull

1. Rhowch y tost mewn tostiwr. Unwaith mae'n barod rhowch y tost i'r naill ochr.

2. Gratiwch yr afal gyda'r croen yn dal arno a rhoi'r darn canol yn y bin compost.

3. Cymysgwch y llaeth, y sudd masarn, y blawd a'r sbeis pwmpen / sinamon mewn powlen gyda phinsiad o halen.

4. Un ar y tro, dipiwch y tost yn y cymysgedd gan orchuddio'r ddwy ochr.

5. Rhowch yr olew cnau coco mewn sosban haearn bwrw (os yn bosib) a'i dwymo ar wres uchel.

6. Unwaith i'r olew cnau coco doddi, trowch y gwres i lawr i wres canolig. Rhowch y tost yn y sosban a gwasgaru'r afal wedi'i gratio ar ei ben.

7. Coginiwch y bara gyda'r afal am gwpwl o funudau bob ochr.

8. I orffen, fe allwch roi'r aeron, y sudd masarn a'r iogwrt ar ei ben os ydych yn dymuno.

CYNHWYSION

1 foronen wedi'i gratio

1 cwpan o geirch

1 llwy de o sbeis pwmpen
(tudalen 107) neu 1 llwy de
o sinamon

1 llwy de o rin fanila

1 llwy fwrdd o sudd masarn

1 cwpan o laeth ceirch
neu laeth almon

2 lwy de o hadau chia

DIGON I 2

MIWSLI 'CACEN FORON'

Dull

1. Rhowch holl gynhwysion y miwsli mewn powlen a'u cymysgu'n dda.
2. Rhowch y cymysgedd mewn jar wydr a'i adael am 15–20 munud cyn ei fwynhau, neu os ydych yn ei baratoi y noson cynt, rhowch y miwsli yn yr oergell dros nos.

CYNHWYSION

YR AFAL SINAMON

6 afal

¼ cwpan o sudd masarn

1 llwy de o sinamon neu 1 llwy de

o sbeis pwmpen (tudalen 107)

1 llwy de o rin fanila

½ sudd lemwn

⅓ cwpan o ddŵr wedi'i hidlo

CYNHWYSION Y CRYMBL

1 cwpan o geirch

1 cwpan o gnau almon

1 cwpan o ddêts medjool

½ cwpan o fenyn almon

CYNHWYSION Y CNAU

FFRENGIG WEDI'U

CARAMELEIDDIO

¼ cwpan o gnau Ffrengig

3 llwy fwrdd o sudd masarn

I'W RHOI AR EI BEN

(OPSIYNOL)

2 lwy fwrdd o iogwrt cashiw

(tudalen 89) neu hufen cnau coco

DIGON I 2 NEU FWY

CRYMBL AFAL SINAMON GYDA CHNAU FFRENGIG WEDI'U CARAMELEIDDIO

Dull yr afal sinamon

1. Cynheswch y popty i 180°C.
2. Golchwch yr afalau, yna torrwch nhw'n sleisiau. Fe allwch ddewis gadael y croen arnynt neu ei blicio.
3. Rhowch y sleisiau afal mewn powlen gyda'r sudd masarn, y sinamon neu'r sbeis pwmpen, y rhin fanila a'r sudd lemwn a'u cymysgu gyda'ch dwylo.
4. Yna, rhowch yr afalau mewn dysgl bobi, arllwys y dŵr ar eu pennau a'u coginio yn y popty am 25–30 munud nes i'r afalau feddalu.

Dull y crymbl

1. Rhowch holl gynhwysion y crymbl, heblaw y menyn cnau almon, mewn prosesydd bwyd a'u prosesu am tua 30 eiliad.
2. Rhowch y cymysgedd mewn powlen ac ychwanegu'r menyn cnau almon. Cymysgwch gyda llwy neu'ch dwylo nes ei fod yn eithaf gludiog.
3. Unwaith mae'r afalau'n barod, tynnwch y ddysgl o'r popty a gwasgaru'r crymbl ar eu pennau. Rhowch y cyfan yn ôl yn y popty am tua 5–10 munud nes bod y crymbl wedi brownio rhywfaint.

Dull y cnau Ffrengig wedi'u carameleiddio

1. Rhowch holl gynhwysion y cnau Ffrengig mewn sosban a'u twymo ar wres canolig nes bod y sudd masarn yn dechrau berwi gan ffurfio swigod.
2. Daliwch ati i gymysgu'r cnau Ffrengig yn y sudd gyda llwy bren.
3. Unwaith mae'r cnau wedi amsugno'r sudd, tynnwch y sosban oddi ar y gwres a'u rhoi i'r naill ochr i oeri.
4. Pan mae'r crymbl afal yn barod, fe allwch ei weini'n gynnes ac ychwanegu'r iogwrt cashiw neu'r hufen cnau coco os ydych yn dymuno.

PASTA TOMATO SBEISLYD GYDA PHELI PLANHIGYN WY A CHORBYS GWYRDD

CYNHWYSION Y PELI PLANHIGYN WY A CHORBYS GWYRDD

2 ewin o arlleg

1 cwpan o gorbys gwyrdd

1 winwnsyn

1 planhigyn wy

1 llwy de o olew cnau coco

2 lwy de o fwg hylifol
(i roi blas barbeciw i'r bwyd)

1½ cwpan o geirch (heb glwten)

⅓ cwpan o olifau du

½ sudd lemwn

2 lwy fwrdd o dahini

1 llwy de o gwmin

2 lwy fwrdd o furum maethlon

½ llwy de o bupur caián

½ llwy de o Halen Môn

1 llwy de o unrhyw flawd o'ch dewis chi

PASTA

2 gwpan o basta reis brown neu basta heb glwten arall

CYNHWYSION Y SAWS TOMATO SBEISLYD

1 llwy de o olew cnau coco

3 ewin o arlleg

690g o *passata* tomato

½ llwy de o Halen Môn

½ sudd lemwn

½ llwy de o bupur caián neu tsili fflawiog

½ llwy de o bupur

DIGON I 2

Dull y peli planhigyn wy a chorbys gwyrdd

1. Rhowch y corbys gwyrdd mewn sosban gyda dŵr berw a'u coginio ar wres canolig am ryw 15–20 munud, nes eu bod wedi meddalu.

2. Torrwch yr winwnsyn a'r garlleg yn fân. Golchwch a thorrwch y planhigyn wy yn giwbiau a'u rhoi i'r naill ochr.

3. Rhowch yr olew cnau coco mewn sosban a'i dwymo nes ei fod yn toddi.

4. Rhowch y garlleg a'r winwnsyn mewn sosban a'u coginio am tua phum munud ar wres canolig.

5. Rhowch y planhigyn wy yn y sosban gyda'r garlleg, yr winwnsyn a'r mwg hylifol a'u coginio ar wres canolig am tua 10 munud, gan droi â llwy bren yn awr ac yn y man.

6. Nesaf, rhowch y ceirch mewn prosesydd bwyd a'u cymysgu nes eu bod yn troi'n flawd.

7. Unwaith mae'r corbys gwyrdd a'r cymysgedd planhigyn wy yn barod, rhowch y cyfan mewn prosesydd bwyd gyda gweddill y cynhwysion (heblaw'r blawd), nes eu bod yn creu cymysgedd gwlyb a thrwchus.

8. Cynheswch y popty i 180°C a thaenu'r olew cnau coco dros waelod tun pobi.

9. Gan roi ychydig o flawd ar eich dwylo, dechreuwch rowlio'r cymysgedd yn beli bach, maint pêl golff, a'u rhoi mewn rhesi ar y tun pobi.

10. Rhowch y peli yn y popty am tua 10–15 munud, gan gadw llygad arnyn nhw rhag iddyn nhw losgi.

Dull y saws

1. Rhowch y pasta reis brown (neu ba bynnag basta rydych yn ei ddefnyddio) mewn sosban o ddŵr berw a'i goginio yn ôl cyfarwyddiadau'r pecyn.

2. Rhowch yr olew cnau coco mewn sosban a'i adael i doddi.

3. Torrwch y garlleg yn fân ac yna ei roi yn y sosban gyda'r olew a'i adael i goginio am 4 munud ar wres canolig.

4. Ychwanegwch weddill cynhwysion y saws i'r sosban a'u cynhesu am tua 10 munud.

5. Ychwanegwch y peli planhigyn wy at y saws.

6. Unwaith mae'r pasta'n barod, rhowch e mewn powlen a thywallt y peli planhigyn wy a'r saws am ei ben.

PASTA MAC A CHAWS

CYNHWYSION Y SAWS

2 daten felys fach, neu 1 fawr

Ychydig o olew olewydd a
phinsiad o Halen Môn

⅓ cwpan o olew olewydd

¼ llwy de o bupur caián

½ cwpan o laeth ceirch (rwy wrth
fy modd ag Oatly! Barista Edition
ar gyfer y rysáit hon am ei fod yn
fwy hufennog nag unrhyw laeth
cnau arall)

½ cwpan o furum maethlon

1 llwy fwrdd o sudd lemwn

1 llwy de o Halen Môn

½ llwy de o bowdr garlleg

½ llwy de o bowdr winwnsyn

PASTA

2 gwpan o basta reis brown
neu basta heb glwten arall

DIGON I 2

Dull

1. Pliciwch groen y tatws melys a'u torri'n giwbiau maint hwylus i'w bwyta.
2. Rhowch y pasta reis brown (neu ba bynnag basta rydych wedi'i ddewis) mewn sosban o ddŵr poeth a'i goginio yn ôl cyfarwyddiadau'r pecyn.
3. Rhowch y tatws mewn sosban â digon o ddŵr berw i'w gorchuddio a'u coginio â phinsiad o halen ac ychydig o olew olewydd am 20 munud, neu nes eu bod wedi meddalu.
4. Unwaith mae'r tatws yn barod, rhowch nhw a gweddill cynhwysion y saws mewn cymysgydd a chymysgu nes eu bod yn llyfn ac yn drwchus.
5. Pan mae'r pasta'n barod, fe allwch arllwys y saws ar ei ben a'i fwynhau!

CYNHWYSION Y PAST

2 lwy de o hadau coriander

2 lwy fwrdd o hadau cwmin

2 lwy fwrdd o baprica

¼ llwy de o bupur caián

½ llwy fwrdd o garam masala

6 ewin o arlleg

1 llwy fwrdd o sinsir amrwd

1 llwy de o bast tomato

Olew cnau coco

CYNHWYSION Y CYRRI

1 llwy de o olew cnau coco

1 winwnsyn

1 tomato

½ cwpan o bast tomato

1 llwy de o Halen Môn

1 llwy de o bupur

1 gwrd cnau menyn

½ cwpan o ddŵr berw

1 tun o ffacbys

1 tun o laeth cnau coco

1 cwpan o sbigoglys neu gêl

¼ cwpan o goriander

I'W RHOI AR EI BEN (OPSIYNOL)

1 llwy fwrdd o iogwrt cashiw

(gweler y rysáit ar dudalen 89)

DIGON I 2

Y CYRRI FIGAN GORAU

Dull y past

1. Rhowch yr hadau mewn sosban a'u twymo ar wres canolig am tua 5 munud.
2. Ychwanegwch y paprica, y pupur caián a'r garam masala at yr hadau. Cymysgwch a'u coginio nes bod y paprica yn tywyllu.
3. Tynnwch y cyfan oddi ar y gwres a rhoi'r cymysgedd mewn prosesydd bwyd gyda gweddill cynhwysion y past. Pan mae'n barod, rhowch e i'r naill ochr.

Dull y cyrri

1. Rhowch yr olew cnau coco mewn sosban a'i gynhesu ar wres canolig i'w doddi.
2. Torrwch yr winwnsyn a'r tomato yn ddarnau mân a'u rhoi mewn sosban gyda'r olew. Ychwanegwch y past cyrri, y past tomato, yr halen a'r pupur a'u coginio ar wres isel am tua 5 munud.
3. Tynnwch groen y gwrd cnau menyn a'i dorri'n giwbiau cyn eu hychwanegu i'r sosban.
4. Ychwanegwch y dŵr berw at y cymysgedd.
5. Golchwch y ffacbys a'u rhoi yn y sosban gyda'r cyrri.
6. Rhowch gaead ar y sosban, yna coginiwch y cyrri am tua 20–30 munud ar wres canolig, nes bod y gwrd cnau menyn yn meddalu ychydig.
7. Ychwanegwch y llaeth cnau coco a'r sbigoglys neu'r cêl a choginio'r cymysgedd am 15–20 munud arall ar wres isel, gan ei droi bob hyn a hyn.
8. I orffen, gwasgarwch y coriander ar ben y cyrri pan ydych yn barod i'w fwyta!

CÊL CNAU COCO GYDA CHWINOA TYRMERIG

CYNHWYSION

Y CWINOA TYRMERIG

1 llwy de o olew cnau coco

1 winwnsyn

2 lwy fwrdd o sinsir amrwd

1 cwpan o gwinoa

1 llwy de o sbeis tyrmerig

1½ cwpan o stoc llysieuol

CYNHWYSION Y CÊL

CNAU COCO

2 gwpan o gêl

1 llwy fwrdd o olew cnau coco

4 ewin o arlleg

½ cwpan o stoc llysieuol

¾ cwpan o laeth cnau coco

½ llwy de o Halen Môn

HAEN UCHAF (OPSIYNOL)

¼ cwpan o gnau cashiw

½ llwy de o Halen Môn

¼ cwpan o naddion cnau coco

DIGON I 2

Dull y cwinoa tyrmerig

1. Rhowch yr olew cnau coco mewn sosban a'i dwymo ar wres canolig i'w doddi.
2. Torrwch yr winwnsyn a'r sinsir amrwd yn fân a rhoi'r winwnsyn mewn sosban a'i goginio am 5 munud ar wres canolig. Yna, ychwanegwch y sinsir a'i goginio am 5 munud arall.
3. Nesaf, ychwanegwch y cwinoa a'r tyrmerig a'u cymysgu gyda'r winwnsyn a'r sinsir cyn arllwys y stoc llysieuol ar eu pennau. Trowch y cyfan unwaith eto a'i adael i goginio ar wres canolig am 15–20 munud, nes bod y cwinoa yn meddalu ac yn amsugno'r stoc.

Dull y cêl cnau coco

1. Golchwch y cêl yn dda a'i roi i'r naill ochr.
2. Rhowch yr olew cnau coco mewn sosban a'i dwymo ar wres canolig nes iddo feddalu.
3. Torrwch y garlleg a'i roi yn y sosban a'i goginio am tua 5 munud.
4. Rhowch y cêl yn y sosban gyda'r garlleg ac ychwanegu'r stoc llysieuol a'u coginio am 5 munud er mwyn i'r cêl feddalu.
5. Ychwanegwch y llaeth cnau coco at y cymysgedd a'i goginio am 5 munud arall.
6. Unwaith mae'r cêl yn barod, defnyddiwch ridyll i ddraenio'r hylif oddi ar y cêl.
7. Rhowch y cêl gyda'r cwinoa tyrmerig a symud ymlaen i baratoi'r haen uchaf.

Dull yr haen uchaf

1. Torrwch y cnau cashiw yn ddarnau mân gan ddefnyddio prosesydd bwyd. Gofalwch beidio â gorbrosesu.
2. Rhowch y cnau cashiw mewn sosban gyda'r halen a'u twymo ar wres uchel am tua 4–5 munud nes eu bod yn brownio.
3. Gwasgarwch y cashiw a'r naddion cnau coco ar ben y cwinoa a'r cêl. Mwynhewch!

PEI PWMPEN

CYNHWYSION Y CRWST

1½ cwpan o almonau

¼ llwy de o Halen Môn

¼ cwpan o olew cnau coco

3 llwy fwrdd o sudd masarn

2 lwy fwrdd o fenyn cnau almon

2 lwy de o rin coffi (opsiynol)

CYNHWYSION
YR HAEN UCHAF

½ tun o laeth cnau coco

1 cwpan o biwrî pwmpen (o dun)

¾ cwpan o sudd masarn

½ cwpan o olew cnau coco

2 lwy de o rin fanila

2 lwy de o sbeis pwmpen

¼ llwy de o Halen Môn

Dull y crwst

1. Rhowch yr almonau mewn prosesydd bwyd a'u prosesu nes eu bod yn troi'n flawd.

2. Ychwanegwch weddill y cynhwysion at yr almonau a phrosesu'n dda nes eu bod yn creu pêl ludiog.

3. Irwch y tun cacen gyda'r olew cnau coco a gwasgu'r bêl almonau i lawr ar ei hyd gyda'ch dwylo. Yna, defnyddiwch gefn llwy i sicrhau bod y cyfan yn llyfn.

4. Rhowch e i'r naill ochr a symud ymlaen i baratoi'r haen uchaf.

Dull yr haen uchaf

1. Rhowch holl gynhwysion yr haen uchaf mewn prosesydd bwyd a chymysgu'n dda am 40–50 eiliad nes eu bod yn troi'n hylif trwchus a llyfn.

2. Nesaf, arllwyswch yr haen uchaf ar ben y crwst a'i roi yn y rhewgell i galedu am tua 3 awr neu dros nos. Unwaith mae'n barod, fe allwch gadw'r pei yn yr oergell.

TOESENNI SBEIS PWMPEN GYDAG EISIN CARAMEL

CYNHWYSION Y TOESENNI SBEIS PWMPEN

1 llwy fwrdd o hadau llin

3 llwy fwrdd o ddŵr wedi'i hidlo

10 datysen medjool

¾ cwpan o laeth cnau coco (o dun)

1 llwy fwrdd o rin coffi

1 cwpan o flawd ceirch

1 llwy de o soda pobi

1 llwy de o bowdr pobi

1 llwy fwrdd o sbeis pwmpen (tudalen 107)

1 llwy fwrdd o olew cnau coco

CYNHWYSION YR EISIN CARAMEL

5 datysen medjool

2 lwy fwrdd o sudd masarn

1 llwy de o rin fanila

1 llwy de o fenyn cnau almon

¼ llwy de o Halen Môn

DIGON I 2 NEU FWY

Dull y toesenni sbeis pwmpen

1. Cynheswch y popty i 180°C.

2. Rhowch yr hadau llin mewn cwpan ac arllwys y dŵr wedi'i hidlo ar eu pennau. Cymysgwch nhw gyda'i gilydd a'u rhoi i'r naill ochr am 10 munud.

3. Nesaf, cymysgwch holl gynhwysion y toesenni sbeis pwmpen, heblaw am yr olew cnau coco, gyda'r hadau llin (pan maen nhw'n barod) mewn prosesydd bwyd a'u cymysgu am tua 40 eiliad neu nes bod popeth wedi cymysgu'n dda.

4. Irwch dun toesenni gyda'r olew cnau coco a rhannu'r cymysgedd yn gyfartal rhwng y mowldiau.

5. Rhowch y tun yn y popty a choginio am tua 20–25 munud, gan gadw llygad ar y toesenni rhag iddyn nhw losgi. Tra eu bod yn y popty, ewch ymlaen i baratoi'r eisin caramel.

6. Unwaith maen nhw'n barod tynnwch nhw allan o'r popty a'u gadael i oeri am tua 10 munud.

Dull yr eisin caramel

1. Rhowch holl gynhwysion yr eisin caramel mewn prosesydd bwyd a phrosesu nes bod pob cynhwysyn wedi cymysgu'n dda.

2. Unwaith mae'r toesenni wedi oeri, dipiwch bennau'r toesenni yn yr eisin caramel, un ar ôl y llall, a'u rhoi i'r naill ochr er mwyn i'r eisin galedu.

CACEN FORON AMRWD GYDAG EISIN CAMOMIL CASHIW

Dull y gacen

1. Irwch dun cacen neu dun tebyg ag olew cnau coco.

2. Golchwch y moron, plicio'r croen a mesur 2½ cwpanaid cyn eu rhoi yn y prosesydd bwyd am eiliad neu ddwy er mwyn eu torri'n fân. Rhowch y moron i'r naill ochr.

3. Yna, rhowch y cnau Ffrengig yn y prosesydd gyda'r datys medjool a'u prosesu am tua 40 eiliad. Dylai'r cymysgedd lynu at ei gilydd os ydych yn ei wasgu gyda'ch bysedd.

4. Ychwanegwch y moron, y blawd cnau coco, y sbeis pwmpen a'r Halen Môn a'u prosesu unwaith eto.

5. Unwaith mae'n barod, defnyddiwch eich dwylo i wasgu'r cymysgedd i'r tun cacen a'i daenu'n llyfn â chefn llwy fwrdd.

6. Rhowch y tun yn y rhewgell tra eich bod yn bwrw ymlaen i baratoi'r eisin.

Dull yr eisin

1. Rhowch y cnau cashiw mewn powlen a'u gorchuddio â dŵr wedi'i hidlo dros nos neu am 6–8 awr. Os nad oes amser gennych i wneud hyn, fe allwch ddilyn y cyfarwyddiadau ar dudalen 56.

2. Unwaith y bydd y cnau cashiw yn barod, fe allwch fynd ati i roi holl gynhwysion yr eisin cashiw hufennog mewn cymysgydd a chymysgu'n dda nes eu bod yn debyg i hufen trwchus o ran eu hansawdd.

3. Tynnwch y gacen o'r rhewgell ac arllwys yr eisin yn haen drwchus ar ei phen. Rhowch y cyfan yn ôl yn y rhewgell i setio am o leiaf 2 awr. Unwaith mae'n barod, fe allwch ei chadw yn yr oergell am tua wythnos a'i mwynhau unrhyw bryd gyda phaned.

GAEAF

Mae'r gaeaf yn amser arbennig i ddathlu! Rwy wrth fy modd yn treulio amser yn y gegin yn creu prydau blasus sy'n driw i'r adeg hon o'r flwyddyn, yn enwedig o gwmpas y Nadolig. Er bod y cyfnod hwn yn adnabyddus fel adeg i fwynhau bwyd ac i ddathlu, rwy'n edrych ymlaen at rannu ryseitiau fydd yn eich galluogi i wneud yr union beth hwnnw, ond sydd hefyd yn cynnwys llwyth o faeth i'ch helpu i deimlo ac i edrych yn anhygoel yn ystod y dathliadau. Yn y gaeaf, fe ddylem sicrhau ein bod yn cymryd ein hamser ac yn edrych ar ôl ein hunain, yn treulio amser yn ymestyn y corff ac yn cael gwared â'r tensiwn sy'n datblygu oherwydd y tywydd oer.

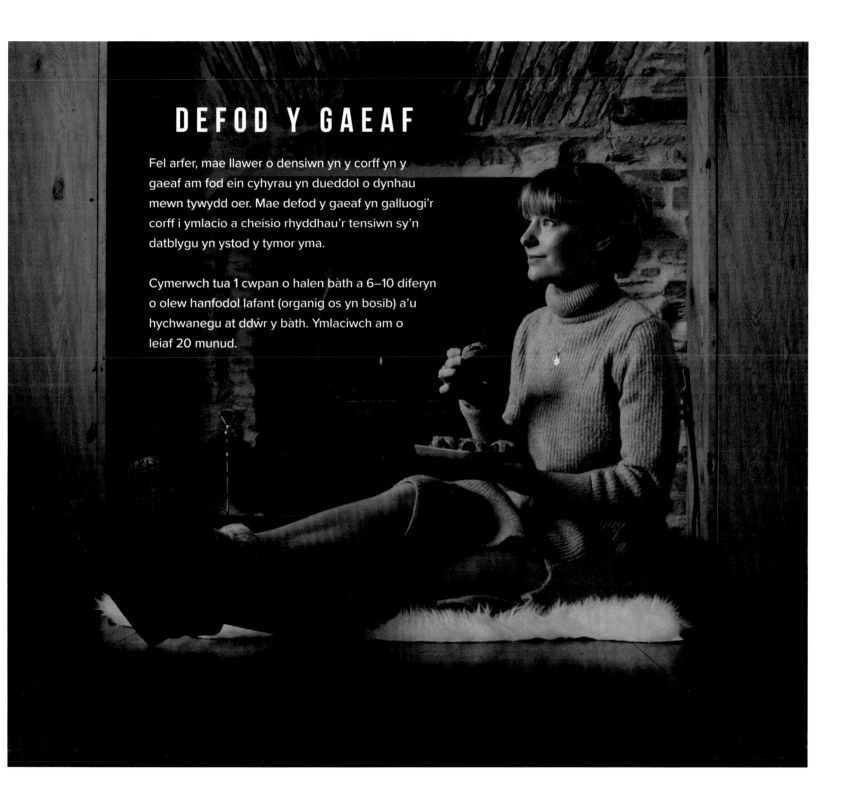

DEFOD Y GAEAF

Fel arfer, mae llawer o densiwn yn y corff yn y gaeaf am fod ein cyhyrau yn dueddol o dynhau mewn tywydd oer. Mae defod y gaeaf yn galluogi'r corff i ymlacio a cheisio rhyddhau'r tensiwn sy'n datblygu yn ystod y tymor yma.

Cymerwch tua 1 cwpan o halen bàth a 6–10 diferyn o olew hanfodol lafant (organig os yn bosib) a'u hychwanegu at ddŵr y bàth. Ymlaciwch am o leiaf 20 munud.

EGGNOG HUFENNOG

CYNHWYSION

1 cwpan o gnau cashiw

2 gwpan o laeth ceirch neu almon

½ cwpan o laeth cnau coco (o dun)

1 cwpan o ddŵr wedi'i hidlo

7 llwy fwrdd o sudd masarn

1 llwy de o sbeis pwmpen neu sinamon

DIGON I 2 NEU FWY

Dull

1. Rhowch y cnau cashiw mewn powlen a'u gorchuddio â dŵr wedi'i hidlo a'u rhoi i'r naill ochr dros nos (neu fe allwch ddilyn y cyfarwyddiadau ar dudalen 56).
2. Unwaith mae'r cnau cashiw yn barod rhowch holl gynhwysion yr *eggnog* mewn cymysgydd a chymysgu am tua 2 funud, neu nes eu bod yn hufennog a llyfn.
3. Mwynhewch yr *eggnog* yn syth. Fe fydd unrhyw ddiod sy'n weddill yn cadw yn yr oergell am hyd at 4 diwrnod.

SIOCLED POETH BLAS PUPUR-FINTYS

Rydym fel arfer yn tretio ein hunain i fwyd melys yr adeg yma o'r flwyddyn, yn enwedig dros gyfnod y Nadolig. Dyma pam rwy wrth fy modd â'r rysáit hon. Mae'r cynhwysion yn dda i'r corff ac nid oes angen teimlo'n euog ar ôl ei mwynhau – er mor foethus mae'r ddiod yn swnio ac yn blasu!

CYNHWYSION

4 llwy de o hadau chia

2½ cwpan o laeth ceirch neu laeth almon

6 datysen medjool

4 llwy de o bowdr siocled amrwd

1 llwy de o rin pupur-fintys

¼ llwy de o rin fanila

2 lwy de o maca (opsiynol) (mae mwy o wybodaeth am maca ar dudalen 50)

1 llwy de o *ashwagandha* neu unrhyw *adaptogen* o'ch dewis chi (opsiynol)

1 llwyaid o hufen cnau coco i'w weini

DIGON I 2

Dull

1. Rhowch yr hadau chia mewn powlen gyda'r llaeth a'r dêts medjool, a'u rhoi i'r naill ochr am 10 munud er mwyn i'r hadau fwydo yn y llaeth.

2. Unwaith mae'r hadau chia wedi amsugno'r llaeth, rhowch nhw mewn prosesydd bwyd gyda gweddill y cynhwysion a chymysgu'n dda am tua 40 eiliad nes eu bod yn llyfn.

3. Rhowch y cymysgedd mewn sosban a'i dwymo yn ofalus ar wres canolig. Os ydych wedi ychwanegu maca neu *adaptogen* arall, gofalwch beidio â berwi'r siocled poeth.

4. Mwynhewch e'n syth fel ag y mae neu ychwanegwch lwyaid o hufen cnau coco ar ei ben yn gyntaf.

SMWDDI *MINT CHOC CHIP*

Dyma un o fy hoff smwddis ac mae'n un ardderchog i'w gynnig i blant! Fe allwch ei fwynhau drwy'r flwyddyn ond mae rhywbeth arbennig am greu'r smwddi hwn yn y gaeaf, ac adeg y Nadolig, gan wybod y byddwch yn cael digon o faeth y peth cyntaf yn y bore ac yn mwynhau diod sy'n blasu'n anhygoel ar yr un pryd.

CYNHWYSION

1 cwpan o gêl neu sbigoglys
(mae sbigoglys yn well i blant
am fod y blas yn llai cryf)
1 banana
1 ddatysen medjool
2 lwy fwrdd o ddail mintys
1½ llwy fwrdd o nibs cacao
1 cwpan o laeth ceirch neu laeth
almon

DIGON I 1

Dull

1. Rhowch holl gynhwysion y smwddi yn y cymysgydd a chymysgu nes eu bod yn llyfn. Fe allwch ychwanegu mwy neu lai o laeth gan ddibynnu pa mor drwchus rydych yn hoffi'ch smwddi.

TE ST JOHN'S WORT, RHODIOLA A TULSI WEDI'U TRWYTHO

Mae *St John's wort* yn blanhigyn blodeuol hynod sydd wedi ei ddefnyddio ers cannoedd o flynyddoedd i leddfu symtomau iselder a phoen meddwl. Mae'n debyg ei fod yn gweithio yn yr un ffordd ag y byddai meddyginiaethau ar gyfer iselder, drwy gynyddu lefelau'r *serotonin* a *noradrenaline* yn yr ymennydd sy'n helpu i reoli'r hwyliau. Mae *rhodiola* yn *adaptogen* ardderchog ar gyfer delio â straen feddyliol (mae mwy o wybodaeth am *adaptogens* ar dudalen 51–3). Mae hefyd yn blanhigyn gwych ar gyfer rhoi hwb i lefelau egni ac i gadw lefelau canolbwyntio ar eu gorau drwy gydol y dydd. Mae *tulsi* yn deillio o India ac yn cael ei adnabod fel 'The Queen of Herbs' oherwydd ei bŵer iacháu aruthrol. Mae *tulsi* hefyd yn *adaptogen* sydd â'r gallu i'n helpu ni i ddelio â straen ac i gynorthwyo system imiwnedd y corff. Yn ogystal â hyn, mae'n wych ar gyfer gwella problemau cysgu, diffyg ysfa rywiol a symtomau fel anghofrwydd a blinder.

CYNHWYSION

½ cwpan o *St John's wort*

¼ cwpan o *rhodiola*

¼ cwpan o *tulsi*

DIGON I 1

Dull

1. Rhowch y planhigyn a'r perlysiau mewn *cafetière* a'i lenwi i'r brig â dŵr poeth.

2. Rhowch gaead y *cafetière* yn ôl ymlaen ond peidiwch â gwasgu'r gwthiwr i lawr.

3. Gadewch y cymysgedd i drwytho am tua 4–8 awr, neu, yn well byth, dros nos.

4. Ar ôl aros i'r cyfan drwytho, pwyswch wthiwr y *cafetière* i lawr gan wasgu'r planhigyn a'r perlysiau i'r gwaelod.

5. Mae'n bosib yfed y te yn gynnes neu yn oer. Os hoffech de cynnes, cynheswch e mewn sosban gan ofalu peidio â'i ferwi rhag colli rhywfaint o'r maeth.

6. Arllwyswch weddill y cymysgedd i gynhwysydd â chaead tyn a'i gadw yn yr oergell. Fel arfer, fydd y te ond yn cadw'i faeth am tua 48 awr, felly gwnewch yn siŵr eich bod yn ei yfed o fewn yr amser hwnnw.

COFFI MADARCH

CYNHWYSION

1 siot o *espresso* neu ¼ cwpan
o goffi cryf

½ cwpan o laeth almon neu laeth
ceirch

1 llwy de o bowdr siocled cacao

1 llwy de o bowdr *lion's mane* /
cordyceps / *chaga*
(neu rwy'n hoffi ychwanegu 1
llwy de o Superfood Blend Four
Sigmatic sy'n cynnwys 10 math
gwahanol o fadarch)

½ llwy de o bowdr *ashwagandha*

2 lwy de o olew cnau coco wedi'i
doddi

½ llwy de o sinamon

¼ llwy de o Halen Môn

1 llwy de o sudd masarn
(opsiynol)

DIGON I 1

Os ydych chi, fel finnau, wrth eich bodd â chwpanaid o goffi y peth cyntaf yn y bore, yna mae'n gyffrous cael rhannu'r rysáit hon gyda chi! Mae llawer o bobl wrth eu boddau â choffi ond yn dioddef sgileffeithiau ar ôl ei yfed, e.e. yn teimlo'n bryderus, y galon yn rasio, yn cael anhawster cysgu ac ati. Mae'n bosib lleddfu'r effeithiau hyn trwy ychwanegu powdr madarch i'r coffi. Mae madarch fel *chaga* a *lion's mane* yn rhannu'r un math o fuddion â choffi, gan eu bod yn cynyddu lefelau egni ond yn ein helpu i ffocysu hefyd. Maent yn cynnwys llawer iawn o wrthocsidyddion sy'n cefnogi'r system imiwnedd ac yn helpu'r corff i ddelio â straen. Rwy'n cynnig mwy o wybodaeth am fuddion gwahanol fadarch ar dudalen 53.

Dull

1. Rhowch holl gynhwysion y coffi madarch yn y cymysgydd a chymysgu am tua 40 eiliad nes eu bod yn llyfn.
2. Mwynhewch y coffi'n syth!

COCTEL *KOMBUCHA* GYDA LLUGAERON A MINTYS

Mae'r coctel hwn yn berffaith i'w fwynhau yr adeg hon o'r flwyddyn pan mae pawb mewn hwyliau i ddathlu! Nid yw'r rysáit yn cynnwys alcohol, felly mae'n addas ar gyfer yr adegau hynny pan ydych chi'n chwilio am rywbeth gwahanol ac yn ceisio osgoi pen mawr y diwrnod wedyn!

Beth yw *kombucha*?

Te gwyrdd wedi'i lefeinio yw *kombucha*. Mae'r ddiod yn troi'n *kombucha* gyda help *scoby*, sef coloni symbiotig o facteria a burum. Mae'r ddiod yn cynnwys llwyth o wrthocsidyddion ac yn ardderchog ar gyfer y perfeddyn am ei bod yn helpu i ladd unrhyw facteria niweidiol yn y corff. Fe allwch ddod o hyd i *kombucha* mewn llawer iawn o siopau ac archfarchnadoedd erbyn hyn, ac rydych yn siŵr o'i weld yn eich siop bwyd iach leol. Os nad yw ar gael ar y silffoedd, fe fydd y rhan fwyaf o siopau yn fodlon archebu stoc, felly cofiwch ofyn os nad ydych yn medru dod o hyd iddo. Fy hoff gwmni yw Equinox, gan eu bod yn defnyddio poteli gwydr yn lle rhai plastig.

CYNHWYSION

2 lwy fwrdd o ddail mintys
(a mwy i'w weini)
½ cwpan o sudd llugaeron heb ei felysu
½ cwpan o iâ (a mwy i'w weini)
1 botel 275ml o *kombucha*
Llugaeron ffres (opsiynol)

DIGON I 2

Dull

1. Rhowch y mintys, y sudd llugaeron a'r iâ mewn cymysgwr coctels neu jar wydr â chaead tyn ac ysgwyd yn dda nes bod y dail mintys yn cleisio.
2. Yna, ychwanegwch y *kombucha* ac arllwys y ddiod i wydr wedi'i lenwi â iâ (os yn bosib).
3. Fe allwch ddefnyddio llugaeron ffres a mwy o fintys i'w addurno.

JAM CHIA, OREN A LLUGAERON

CYNHWYSION

½ cwpan o oren (heb y croen)

½ cwpan o lugaeron

2 lwy de o sudd masarn

2 lwy de o sudd lemwn

2 lwy de o hadau chia

DIGON I 2 NEU FWY

Dull

1. Rhowch yr oren a'r llugaeron mewn cymysgydd gyda'r sudd masarn a'r sudd lemwn a chymysgu am tua 40 eiliad nes eu bod yn llyfn.

2. Rhowch y cymysgedd mewn powlen ac ychwanegu'r hadau chia. Gan ddefnyddio llwy, cymysgwch yr hadau i mewn a rhoi'r bowlen yn yr oergell am tua 15–20 munud.

3. Unwaith mae'r hadau wedi amsugno rhywfaint o'r sudd ac wedi chwyddo, rhowch y jam mewn pot gwydr â chaead tyn a'i fwynhau. Bydd y jam yn para am tua phythefnos.

UWD MENYN ALMON GYDA BANANAS WEDI'U CARAMELEIDDIO

CYNHWYSION YR UWD MENYN ALMON

1 cwpan o geirch

1 cwpan o laeth ceirch neu almon (defnyddiwch ddŵr os yw'n well gennych)

2 lwy fwrdd o olew cnau coco

CYNHWYSION Y BANANAS WEDI'U CARAMELEIDDIO

2 fanana

3 llwy fwrdd o sudd masarn

2 lwy fwrdd o olew cnau coco

I'W WEINI

2 lwy fwrdd o fenyn cnau almon neu fenyn cnau cashiw (opsiynol)

2 lwy fwrdd o nibs cacao (opsiynol)

DIGON I 2

Dull yr uwd menyn almon

1. Rhowch y ceirch mewn sosban. Arllwyswch y llaeth ar eu pennau ac ychwanegu'r olew cnau coco. Cynheswch ar wres canolig am tua 10 munud nes bod yr uwd yn meddalu.
2. Tra bod yr uwd yn coginio bwrwch ymlaen i baratoi'r bananas wedi'u carameleiddio.

Dull y bananas wedi'u carameleiddio

1. Sleisiwch y bananas yn eu hanner i lawr y canol o'r pen i'r gwaelod a'u rhoi i'r naill ochr.
2. Rhowch y sudd masarn a'r olew cnau coco mewn sosban a'u cynhesu ar wres canolig am tua 5–10 munud.
3. Unwaith mae'r sudd yn dechrau berwi, ychwanegwch y bananas a'u coginio am 5 munud bob ochr.
4. Pan mae'n barod, rhowch yr uwd mewn powlen a rhoi'r bananas ar ei ben.
5. I orffen, ychwanegwch y menyn cnau almon neu fenyn cnau cashiw a'r nibs cacao ar ei ben a'i fwynhau yn syth.

TOESENNI OREN A CHARDAMOM

CYNHWYSION

4 llwy fwrdd o sudd oren

1 llwy fwrdd o hadau chia

1 llwy fwrdd o groen oren

1¼ cwpan o fenyn cashiw

½ cwpan o siwgr cnau coco

1 llwy de o bowdr cardamom

¼ llwy de o Halen Môn

½ llwy de o soda pobi

1 llwy de o finegr seidr afal

1 llwy fwrdd o olew cnau coco
er mwyn iro'r tun

DIGON I 2 NEU FWY

Dull

1. Cynheswch y popty i 180°C.
2. Mewn powlen, cymysgwch yr hadau chia gyda'r sudd oren a'r croen a'u rhoi i'r naill ochr am 10 munud.
3. Unwaith mae'r hadau wedi amsugno rhywfaint o'r sudd ac wedi chwyddo, ychwanegwch yr holl gynhwysion eraill i'r chia a chymysgu â llwy i greu toes.
4. Irwch y tun toesenni gydag olew cnau coco cyn rhannu'r cymysgedd i'r mowldiau gyda llwy fwrdd.
5. Rhowch y tun yn y popty am tua 12–15 munud gan gadw llygad ar y toesenni rhag iddynt losgi.
6. Tynnwch y toesenni o'r popty a'u gadael i oeri am tua 10–15 munud cyn eu mwynhau. Fe allwch gadw'r toesenni mewn tun cacen am hyd at bedwar neu bum diwrnod.

CAWL CAWS BLODFRESYCH

CYNHWYSION

1 flodfresychen

3 llwy fwrdd o olew cnau coco

¼ llwy de o bupur caián

½ llwy de o Halen Môn

1 cwpan o datws bach wedi'u plicio

2 gwpan o stoc llysieuol

½ cwpan o furum maethlon

2 ewin o arlleg

½ cwpan o laeth ceirch

(Oatly! Barista Edition yw fy newis i am ei fod yn fwy hufennog)

DIGON I 2

Dull

1. Cynheswch y popty i 180°C.
2. Golchwch y flodfresychen ac yna ei thorri yn ddarnau hwylus i'w bwyta, gan roi'r goes i'r naill ochr i'w chompostio.
3. Gwasgarwch y darnau blodfresych ar hyd tun pobi ac arllwys yr olew cnau coco dros eu pennau. Gwasgarwch y pupur caián a'r halen drostynt a chymysgu'r cyfan gyda'ch dwylo i orchuddio'r blodfresych.
4. Rhowch nhw yn y popty a'u coginio am tua 20 munud tra eich bod yn bwrw ymlaen i baratoi'r tatws.
5. Ar ôl golchi a phlicio'r tatws, rhowch nhw mewn sosban a'u coginio mewn dŵr berw ar wres uchel am 15–20 munud.
6. Unwaith mae'r tatws yn barod, tynnwch nhw oddi ar y gwres, draenio'r dŵr a'u gadael i oeri ychydig.
7. Tynnwch y blodfresych o'r popty pan maen nhw'n barod a'u gadael i oeri fymryn.
8. Unwaith mae'r tatws a'r blodfresych wedi cael amser i oeri ychydig, rhowch nhw mewn cymysgydd. Ychwanegwch y stoc, y burum maethlon, y garlleg a'r llaeth a chymysgu nes eu bod yn llyfn ac yn drwchus.
9. Cynheswch y cawl unwaith rydych yn barod i'w fwynhau.

CYNHWYSION Y TOES

1¼ cwpan o flawd amlbwrpas heb glwten

¼ cwpan o olew cnau coco

¼ cwpan o ddŵr wedi'i hidlo

1 llwy de o Halen Môn

CYNHWYSION SAWS Y PEI

¼ cwpan o olew cnau coco

3 llwy de o fwstard Dijon

2 lwy fwrdd o sudd masarn

1 llwy de o deim

1 llwy de o rosmari

1 llwy de o Halen Môn

I'W HYCHWANEGU AR EI BEN (OPSIYNOL)

Grefi madarch

(gweler y rysáit ar dudalen 146)

CYNHWYSION Y PEI

1 winwnsyn

1 daten felys

2 foronen

1 fetysen fawr neu 2 fach

80g o sbrowts

DIGON I 2 NEU FWY

PEI LLYSIAU RHOST CARTRE

Mae'r rysáit hon yn un ardderchog ar gyfer dydd Nadolig os ydych yn figan, yn llysieuwr neu'n dymuno lleihau faint o gig rydych yn ei fwyta. Rhost cnau yw'r opsiwn llysieuol mwyaf poblogaidd yr adeg yma o'r flwyddyn, ond mae'r pei hwn yn opsiwn da i'w gynnig i bobl sydd wedi laru ar rost cnau fel yr unig opsiwn llysieuol / figan.

Dull y toes

1. Cymysgwch holl gynhwysion y toes mewn powlen. Ychwanegwch hyd at 2 lwy fwrdd o ddŵr os yw'r toes ychydig yn sych.

2. Taenwch ychydig o flawd ar wyneb y bwrdd a rholio'r toes i siâp pêl. Rhowch y toes yn yr oergell am 40 munud. Yn y cyfamser ewch ymlaen i baratoi cynhwysion y pei.

Dull y pei a'r saws

1. Cynheswch y popty i 170°C.

2. Cymysgwch holl gynhwysion y saws mewn powlen a'i roi i'r naill ochr.

3. Torrwch yr winwnsyn yn fân a phliciwch groen y daten, y moron a'r fetysen, yna eu sleisio. Golchwch y sbrowts a'u torri yn eu hanner.

4. Gwasgarwch y llysiau ar hyd tun pobi ac arllwys y saws ar eu pennau. Gyda'ch dwylo, cymysgwch y llysiau yn y saws yn dda cyn eu rhoi yn y popty a'u coginio am 20–25 munud.

5. Tra bod y llysiau'n coginio, tynnwch y toes o'r oergell ar ôl 40 munud. Taenwch flawd ar wyneb y bwrdd a rowlio'r toes i faint tua 13 modfedd sgwâr, i greu'r pei.

6. Unwaith maent yn barod, llenwch ganol y toes gyda'r llysiau a gadael digon o does o'u cwmpas i greu waliau i'w dal. Nid oes angen gorchuddio'r llysiau i gyd â'r toes.

7. Rhowch y pei yn y popty a'i bobi am 40 munud arall, gan gadw llygad arno rhag iddo losgi.

8. Fe allwch ddewis arllwys y grefi madarch ar ei ben a'i fwynhau yn syth.

STWNSH BLODFRESYCH GYDA SOSEJ LLYSIEUOL A GREFI MADARCH

CYNHWYSION Y STWNSH BLODFRESYCH

1 flodfresychen

3 llwy de o olew cnau coco (wedi'i doddi)

½ llwy de o Halen Môn

½ llwy de o bupur

¼ llwy de o tsili fflawiog (opsiynol)

¼ cwpan o furum maethlon

¼ cwpan o laeth ceirch neu laeth almon (Oatly! Barista Edition yw fy hoff ddewis i ar gyfer y rysáit hon am ei fod yn fwy hufennog)

CYNHWYSION Y SOSEJ LLYSIEUOL

1 cwpan o gnau Ffrengig

1 llwy de o olew cnau coco (a mwy i goginio'r sosej)

1 winwnsyn

250g o fadarch

5 tomato heulsych

1 llwy fwrdd o bast miso

75g o gnau cashiw wedi'u torri'n

fân (ond heb droi'n flawd) mewn prosesydd bwyd

1 llwy de o baprica

1 llwy de o bowdr garlleg

1 llwy de o saets

½ llwy de o Halen Môn

½ llwy de o bupur

CYNHWYSION Y GREFI MADARCH

1 llwy de o olew cnau coco

1 winwnsyn

3 ewin o arlleg

4 cwpan o fadarch

1 llwy fwrdd o rosmari ffres

1 llwy fwrdd o damari

1½ cwpan o stoc llysieuol

½ llwy fwrdd o flawd amlbwrpas heb glwten

2 lwy de o furum maethlon

½ llwy de o Halen Môn

½ llwy de o saets

½ llwy de o bupur

DIGON I 2

Mae'r rysáit hon yn un hynod o gynhesol ac yn berffaith ar gyfer tymor y Nadolig. Cofiwch fod modd defnyddio rysáit y grefi ar gyfer llawer o'r ryseitiau eraill yn y llyfr, megis y pei llysiau rhost.

Dull y stwnsh blodfresych

1. Cynheswch y popty i 180°C.
2. Torrwch y flodfresychen yn ddarnau hwylus i'w bwyta a rhoi'r goes i'r naill ochr i'w chompostio.
3. Rhowch y darnau ar dun pobi a thaenu'r olew cnau coco ar eu pennau. Yna, rhowch yr halen, y pupur a'r tsili (os ydych yn ei ddefnyddio) dros y cyfan a'u gwasgaru gyda'ch dwylo gan orchuddio'r darnau blodfresych.
4. Coginiwch nhw yn y popty am 20 munud. Tra bod y darnau blodfresych yn coginio, symudwch ymlaen i baratoi'r sosej llysieuol.
5. Unwaith mae'r blodfresych yn barod, tynnwch nhw o'r popty a'u rhoi i'r naill ochr i oeri ychydig. Yna, rhowch y blodfresych, y burum maethlon a'r llaeth yn y cymysgydd a chymysgu'n dda nes eu bod yn llyfn.

Dull y sosej llysieuol

1. Rhowch y cnau Ffrengig mewn prosesydd bwyd a'u cymysgu nes iddynt droi'n flawd.
2. Cynheswch yr olew cnau coco mewn ffreipan ar wres canolig i'w ddoddi.
3. Torrwch yr winwnsyn yn fân cyn ei ychwanegu i'r ffreipan gyda'r olew cnau coco. Coginiwch am 5 munud.
4. Ar ôl golchi a sleisio'r madarch, rhowch nhw yn y ffreipan gyda'r winwnsyn a'u coginio am 5–7 munud arall.
5. Unwaith mae'r winwnsyn a'r madarch yn barod, rhowch nhw i mewn i'r prosesydd bwyd gyda'r cnau Ffrengig a holl gynhwysion eraill y sosej llysieuol a phrosesu nes eu bod yn debyg i does gludiog o ran eu hansawdd.

6. Gan ddefnyddio'ch dwylo, rholiwch y toes i greu o leiaf 12 sosej a'u rhoi mewn ffreipan gydag ychydig o olew cnau coco. Coginiwch am tua 5 munud bob ochr ar wres canolig.

Dull y grefi madarch

1. Rhowch yr olew mewn ffreipan i doddi ar wres canolig.
2. Torrwch yr winwnsyn a'r garlleg yn fân a'u rhoi yn y ffreipan gyda'r olew cnau coco. Coginiwch am 5 munud.
3. Golchwch a sleisio'r madarch cyn eu hychwanegu i'r ffreipan gyda'r winwnsyn a'r garlleg.
4. Nesaf, ychwanegwch y rhosmari a'r tamari a'u cymysgu gyda'r winwnsyn, y garlleg a'r madarch.
5. Cymysgwch y stoc a'r blawd mewn powlen a chael gwared ar unrhyw lympiau gyda llwy neu fforc. Yna, ychwanegwch y burum maethlon, yr halen, y saets a'r pupur a'u cymysgu gyda'r stoc a'r blawd cyn eu harllwys ar ben yr winwnsyn, y garlleg a'r madarch yn y ffreipan.
6. Coginiwch am tua 5 munud arall, ar wres uchel y tro hwn, nes bod y cyfan wedi cynhesu drwyddo.
7. Rhowch y stwnsh blodfresych a'r sosej llysieuol ar blât ac arllwys y grefi madarch ar eu pennau. Mwynhewch!

POWLAID O LYSIAU PWERUS

CYNHWYSION Y BOWLAID O LYSIAU PWERUS

1 gwrd cnau menyn

1 tun o ffacbys

1 llwy fwrdd o sudd masarn

3 llwy fwrdd o olew cnau coco

½ llwy de o Halen Môn

1 llwy fwrdd o dyrmerig

½ cwpan o reis brown

1 afocado

¼ cwpan o *sauerkraut*

1 cwpan o gêl neu salad cymysg

1 llwy fwrdd o fintys

¼ cwpan o bomgranad

CYNHWYSION Y SAWS

1 llwy de o baprica

2 lwy de o hadau llin

2 ewin o arlleg

2 lwy fwrdd o sudd lemwn

1 llwy fwrdd o finegr seidr afal

1 llwy fwrdd o olew olewydd

1 llwy de o furum maethlon

1 llwy fwrdd o damari

1 llwy de o sudd masarn

DIGON I 2

Mae'r rysáit hon yn llawn llysiau pwerus ac yn ardderchog ar gyfer adegau pan fydd arnoch angen hwb i'ch helpu drwy'r gaeaf.

Dull y bowlaid o lysiau pwerus

1. Cynheswch y popty i 180°C.
2. Pliciwch y gwrd cnau menyn a'i dorri'n ddarnau. Gwasgarwch y darnau hwylus i'w bwyta a'r ffacbys ar dun pobi.
3. Taenwch y sudd masarn, yr olew cnau coco, yr Halen Môn a'r tyrmerig dros y gwrd cnau menyn a'r ffacbys a defnyddio'ch dwylo i gymysgu'r cyfan yn dda. Rhowch nhw yn y popty i goginio am tua 25 munud.
4. Rhowch y reis brown mewn sosban a'i orchuddio â dŵr berw. Coginiwch am tua 15 munud, gan ddilyn cyfarwyddiadau'r pecyn.
5. Tynnwch y cnawd o'r afocado a'i sleisio.
6. Cymysgwch yr afocado gyda'r *sauerkraut*, y cêl neu'r salad cymysg, y mintys a'r pomgranad a'u rhoi i'r naill ochr.

Dull y saws

1. Cymysgwch holl gynhwysion y saws mewn cymysgydd nes bod y cyfan yn troi'n hylif llyfn.
2. Unwaith mae'r gwrd cnau menyn, y ffacbys a'r salad yn barod, fe allwch arllwys y saws dros eu pennau. Mwynhewch!

CACEN GAWS FANILA EFROG NEWYDD

CYNHWYSION HAEN WAELOD Y GACEN

1 cwpan o gnau almon

1 cwpan o ddêts medjool

¼ cwpan o flawd cnau coco (opsiynol)

1 llwy de o olew cnau coco

CYNHWYSION HAEN UCHAF Y GACEN

1½ cwpan o gnau cashiw wedi'u mwydo dros nos – neu fe allwch ddilyn y cyfarwyddiadau ar dudalen 56

1 lemwn

⅓ cwpan o olew cnau coco

1 tun o laeth cnau coco

½ cwpan o sudd masarn

2 lwy de o rin fanila

3 sbrigyn o rosmari i'w haddurno (opsiynol)

Roedd wedi bod yn draddodiad ers blynyddoedd yn ein tŷ ni i greu a mwynhau cacen gaws adeg y Nadolig. Dyma'r un peth roeddwn yn rhagweld y byddwn yn ei golli ar ôl dechrau dilyn deiet planhigion. Ond mae'r rysáit hon wedi bodloni fy chwant ac yn well na'r disgwyl hyd yn oed! Mae'r gacen gaws yn hawdd i'w gwneud ac yn berffaith i'w gweini ar ddydd Nadolig, neu i greu argraff mewn partïon yr adeg yma o'r flwyddyn.

Dull haen waelod y gacen

1. Rhowch holl gynhwysion yr haen waelod mewn prosesydd bwyd a phrosesu nes eu bod yn creu cymysgedd trwchus, gludiog.
2. Irwch y tun cacen ag olew cnau coco ac yna gwasgu'r cymysgedd ynddo yn wastad a'i roi yn y rhewgell. Ewch ymlaen i baratoi'r haen uchaf.

Dull yr haen uchaf

1. Pan mae'r cnau cashiw yn barod, rhowch nhw yn y cymysgydd gyda holl gynhwysion haen uchaf y gacen a chymysgu am tua 40 eiliad nes eu bod yn drwchus ac yn hufennog.
2. Tynnwch yr haen waelod o'r rhewgell ac arllwys y cymysgedd hufennog ar ei phen. Rhowch y gacen yn ôl yn y rhewgell am o leiaf 3 awr er mwyn iddi setio, neu dros nos os oes amser.
3. Unwaith mae'r gacen yn barod, addurnwch hi â rhosmari os ydych yn dymuno a'i chadw yn yr oergell.

TARTENNI NADOLIG AMRWD

CYNHWYSION

TOES Y TARTENNI

½ cwpan o gnau almon

1¼ cwpan o flawd ceirch

1 llwy fwrdd o hadau llin

¼ llwy de o Halen Môn

4½ llwy fwrdd o olew cnau coco

1 llwy fwrdd o olew cnau
coco i iro

2 lwy fwrdd o sudd masarn

CYNHWYSION LLENWAD
Y TARTENNI

1 cwpan o resins

½ cwpan o ddêts medjool

1½ llwy fwrdd o sbeis pwmpen,
neu ¼ llwy de o sinamon, ¼ llwy
de o nytmeg a ¼ llwy de o sbeis
clofs

½ llwy de o Halen Môn

1 llwy fwrdd o hadau llin

1 oren (y sudd yn unig)

½ llwy fwrdd o groen oren

DIGON I 2 NEU FWY

Dull y toes

1. Rhowch y cnau almon yn y prosesydd bwyd a phrosesu nes eu bod yn troi'n flawd.

2. Ychwanegwch weddill cynhwysion y toes a phrosesu nes eu bod yn creu cymysgedd trwchus, gludiog.

3. Irwch y tun myffin ag 1 llwy fwrdd o'r olew cnau coco cyn rholio'r cymysgedd gyda rholbren. Torrwch 12 o gylchoedd ar gyfer y tartenni. Cadwch tua ¼ cwpan o'r cymysgedd i greu caeadau i'r tartenni yn nes ymlaen.

4. Rhowch y tun myffin yn yr oergell tra eich bod yn paratoi llenwad y tartenni.

Dull y llenwad

1. Rhowch holl gynhwysion y llenwad mewn prosesydd bwyd a chymysgu am tua 40 eiliad nes bod y cyfan wedi cymysgu'n dda.

2. Tynnwch y toes o'r oergell a rhannu'r llenwad rhwng pob tarten.

3. Gyda gweddill y toes, rhowch ychydig o flawd ar fwrdd a'i rolio'n denau. Torrwch siâp sêr a'u gosod ar ben y tartenni.

4. Rhowch nhw yn ôl yn yr oergell i setio am hanner awr. Fe allwch eu cadw yn yr oergell am hyd at wythnos i'w mwynhau â phaned neu lasiad o win poeth.

PEI BANOFFI CARAMEL

CYNHWYSION TOES

Y PEI BANOFFI

2 gwpan o geirch

½ cwpan o sudd masarn

¼ cwpan o olew cnau coco

1 llwy de o sinamon

½ llwy de o Halen Môn

1 llwy de o rin fanila neu rin coffi

1 llwy fwrdd o olew cnau coco i

iro tun cacen

CYNHWYSION Y CARAMEL

HUFENNOG

1½ cwpan o ddêts medjool

3 llwy fwrdd o fenyn cnau cashiw

1 llwy de o sudd lemwn

1 llwy fwrdd o sudd masarn

1 llwy de o rin fanila

½ llwy de o Halen Môn

CYNHWYSION

YR HAEN UCHAF

1 cwpan o hufen cnau coco

(gweler y rysáit ar dudalen 69)

2 fanana wedi'u sleisio

Dull toes y pei banoffi

1. Rhowch y ceirch mewn prosesydd bwyd a'u prosesu nes eu bod yn troi'n flawd.

2. Ychwanegwch weddill cynhwysion y toes a'u prosesu nes eu bod yn debyg i friwsion.

3. Irwch dun cacen â llond llwy fwrdd o olew cnau coco a gwasgu'r crwst i'r tun gan ei rannu'n wastad gyda'ch dwylo. Fe allwch ddefnyddio cefn llwy fwrdd i'w lefelu.

4. Rhowch y toes i'r naill ochr a symud ymlaen i baratoi'r caramel.

Dull y caramel hufennog

1. Rhowch holl gynhwysion y caramel hufennog mewn cymysgydd a phrosesu i greu ansawdd tebyg i garamel.

2. Taenwch y caramel yn un haen ar hyd y crwst. Yna, i greu haen arall, taenwch yr hufen cnau coco a'r banana ar yr haen garamel.

3. Fe allwch gadw'r pei banoffi caramel yn yr oergell am hyd at wythnos.

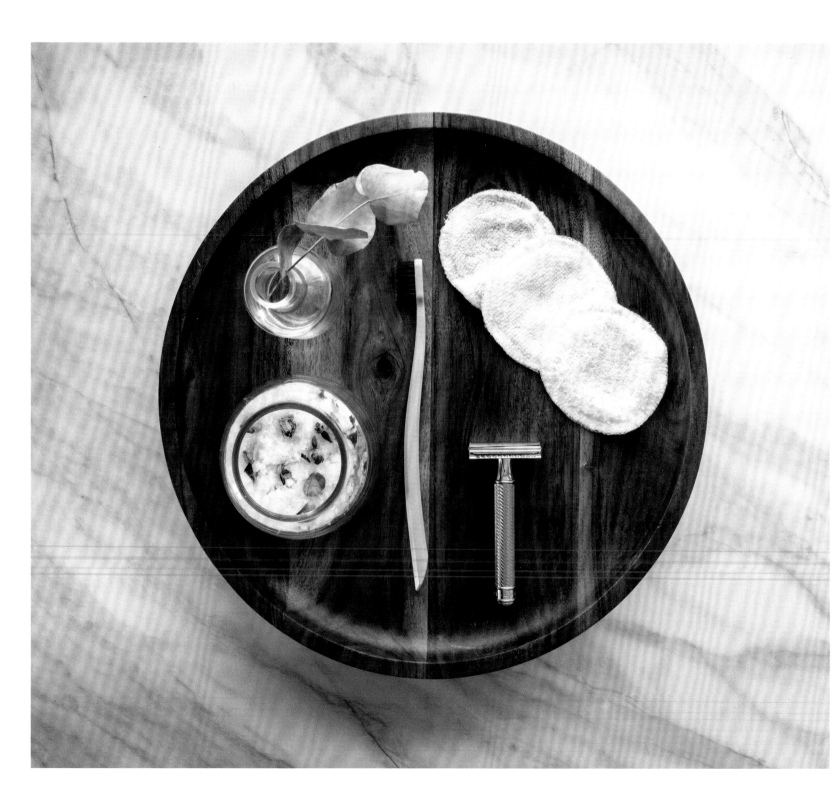

RYSEITIAU AR GYFER CYNNYRCH YMOLCHI DIWENWYN

Yn fuan ar ôl i mi ddechrau ymddiddori yn yr hyn roeddwn yn ei roi yn fy nghorff, y cam naturiol nesaf oedd edrych ar beth roeddwn yn ei roi ar fy nghorff. Er syndod i mi, pan es i ati i ddarllen labeli peth o'r cynnyrch yn fy ystafell ymolchi, nid oeddwn yn gallu darllen enwau'r rhan fwyaf o'r cynhwysion heb sôn am ddeall a gwybod beth oedden nhw. Dyma pryd es i ati i ddarllen mwy am gynhwysion naturiol a chynnyrch diwenwyn, organig, a thrio dechrau deall beth yn union roeddwn yn ei roi ar fy nghroen.

Erbyn hyn, mae llawer o gwmnïau yn cynnig cynnyrch colur ac ymolchi figan, diwenwyn, organig sy'n rhydd rhag creulondeb. Yn yr un ffordd ag y mae cynnyrch bwyd organig yn cynnwys mwy o faeth a llai o blaladdwyr a chemegau tocsig, mae'r un peth yn wir am gynnyrch ymolchi a cholur organig.

Chwiliwch am stamp y Soil Association: nid yn unig mae rhwng 80% a 100% o gynhwysion y cynnyrch yn organig ond mae'r pethau canlynol hefyd yn wir:

- **Nid yw wedi ei brofi ar anifeiliaid.**
- **Mae'n well i'r amgylchedd.**
- **Dyw e ond yn cynnwys cynhwysion naturiol.**
- **Mae'n diogelu bywyd gwyllt.**
- **Mae'n cynnwys lliwiau a phersawr naturiol.**
- **Nid yw'n cynnwys unrhyw ronynnau nano, *parabens*, lliwiau synthetig na phersawr tocsig.**

Er bod y cwmnïau sy'n gwerthu cynnyrch organig, diwenwyn, ar gynnydd, mae'n hawdd iawn ac yn rhad i wneud eich cynnyrch eich hun gartre. Mae'n hwyl i'w wneud ac yn ffordd wych o wybod yn union beth rydych yn ei roi ar eich croen.

Dyma dair rysáit syml i chi roi cynnig arnyn nhw. Mae ganddynt gynhwysion sydd nid yn unig yn ddiogel i'r corff, ond yn fuddiol hefyd!

SIAMPŴ SYCH

- 1 llwy fwrdd o bowdr arorwt
- 1 llwy fwrdd o glai caolin gwyn
- 1 llwy fwrdd o bowdr cacao
  (ar gyfer gwallt tywyll)
  neu 1 llwy ychwanegol o bowdr arorwt
  (ar gyfer gwallt golau)
- 5 diferyn o olew hanfodol lafant
  (organig os yn bosib)

1. Rhowch y cynhwysion i gyd mewn powlen a'u cymysgu gyda'i gilydd.
2. Gan ddefnyddio brwsh colur neu rywbeth tebyg, gwasgarwch y cymysgedd drwy'r gwallt gan ganolbwyntio ar y gwreiddiau yn bennaf.
3. Yna, defnyddiwch eich bysedd i wasgaru'r cymysgedd drwy'r gwallt nes ei fod wedi cymysgu'n dda, o'r gwreiddiau i'r gwaelodion. Fe allwch ei adael yno nes eich bod yn cael cyfle i olchi eich gwallt.
4. Cadwch weddill y cymysgedd mewn jar neu bot gwydr er mwyn ei ddefnyddio rhywbryd eto.

MASG WYNEB AFOCADO A RHOSYN

- 1 llwy de o glai caolin gwyn
- 1 llwy de o olew argan
- 1 llwy de o olew afocado
- 2 ddiferyn o olew hanfodol rhosyn (organig os yn bosib)
- 1 diferyn o olew hanfodol thus

1. Mewn powlen, cymysgwch y clai caolin gwyn gyda'r olew argan a'r afocado nes eu bod yn troi'n bast.
2. Ychwanegwch yr olew rhosyn a'r thus a defnyddio'r cymysgedd yn syth drwy ei wasgaru ar hyd eich wyneb gyda'ch bysedd, a'i adael yno am tua 10 munud cyn ei olchi i ffwrdd.

DIAROGLYDD

- ⅓ cwpan o olew cnau coco
- ⅓ cwpan o bowdr arorwt
- 2 lwy fwrdd o soda pobi
- 8 diferyn o olew hanfodol rhosyn (organig os yn bosib)
- 8 diferyn o fergamot

1. Rhowch yr olew cnau coco, y powdr arorwt a'r soda pobi mewn powlen a'u stwnsio â llwy neu fforc nes bod y cymysgedd yn troi'n wyn ac yn debyg i ansawdd balm gwefus.
2. Ychwanegwch yr olew hanfodol rhosyn a'r bergamot.
3. Cadwch y diaroglydd mewn jar neu botyn gwydr a defnyddio'ch bysedd i rwbio'r cymysgedd o dan eich ceseiliau nes ei fod wedi suddo i mewn i'r croen. Arhoswch nes bod y cymysgedd wedi sychu cyn gwisgo.

GEIRFA

aeron goji	goji berries
ailddefnyddiadwy	reusable
amlygiad(au)	manifestation(s)
arterïau	arteries
atchwanegiad(au)	supplement(s)
bara surdoes	sourdough
berwr	rocket
blawd amlbwrpas	gluten-free organic
organig heb glwten	multipurpose flour
blawd cnau coco	desiccated coconut
blawd gwenith	spelt
braster angenrheidiol	essential fats
braster dirlawn	saturated fat
burum maethlon	nutritional yeast
bwriadau cadarnhaol	positive intentions
bywyd ar y silff	shelf life
cadmiwm	cadmium
caprys	capers
ceirch	oats
cêl	kale
codlysiau	legumes
corbys	lentils
corbys gwyrdd	green lentils
Cwarts Rhosyn	Rose Quartz
Cyffug	Fudge
cymalau'r bysedd	knuckles
cymeriant	intake
cymysgwr coctels	cocktail shaker
cymysgydd	blender
cytew	batter
chwarren adrenal	adrenal gland
dadwenwyno	detoxing
daearu	to ground
dail mafon coch	red raspberry leaf
danadl	nettle
dant y llew	dandelion
diaroglydd	deodorant
dirboenwr	stressor
dirgryniad(au) pwerus	powerful vibration(s)
diwenwyn	nontoxic
dŵr wedi'i hidlo	filtered water
eirin ysgaw	elderberries
egroes	rosehip
finegr eirin Ume	Ume plum vinegar

ffa Ffrengig	kidney beans
ffacbys	chickpeas
gorbryder	anxiety
gorlwytho	overwhelmed
gwellhad	recovery
gwenith yr hydd	buckwheat
gwenwyndra	toxicity
gwenwynig	toxic
gwerth GI	Glycemic Index
gwrd cnau menyn	butternut squash
gwrth-ficrobaidd	antimicrobial
gwrthlidiol	anti-inflammatory
gwrthocsidiol	antioxidant
gwrthocsidydd(ion)	antioxidant(s)
gwthiwr	plunger
gwytnwch	endurance
hadau llin	flaxseeds
haearn bwrw	cast iron
halen bàth	bath salts
heb ei basteureiddio	unpasteurized
heb ei buro	unrefined
hydradu	hydrated
i'w hychwanegu ar	toppings
ei ben	
llaeth ceirch	oat milk
llafnau'r ysgwyddau	shoulder blades
lleddfu llid	to reduce inflammation
llugaeron	cranberries
llus	blueberries
llysiau gwraidd	root vegetables
llysiau poen	passiflora
marchysgall	artichoke
meinwe(oedd)	tissue(s)
melyswyr	sweeteners
menyn cnau almon	almond butter
merllysiau	asparagus
mewn brein	in brine
mwg hylifol	liquid smoke
myfyrdod	meditation
mynegfys	index finger
naddion cnau coco	coconut flakes
nodweddion	healing benefits
rhinweddol	
olew hanfodol	essential oils
paill coed pin	pine pollen
papur gwrthsaim	greaseproof paper
perfeddyn	gut
perlysiau	herb(s)

pibellau gwaed	blood vessel(s)
planhigion pwerus	superfoods
planhigion wy	aubergines
powdr arorwt	arrowroot powder
powdr betys	beetroot powder
powdr pobi	baking powder
pŵer iachusol	healing power
rhidyll	sieve
rhin coffi	coffee extract
rhin fanila	vanilla extract
rhin pupur-fintys	peppermint extract
rholbren	rolling pin
rhydd rhag creulondeb	cruelty free
saets	sage
saws coch	ketchup
sitrin	citrine
siwgr wedi ei buro	refined sugar
soda pobi	baking soda
stad oroesi	survival mode
stoc llysieuol	vegetable stock
straen	stress
sudd llugaeron heb	unsweetened cranberry
ei felysu	juice
sudd masarn	maple syrup
sudd poeth	toddy
surdoes	sourdough
swmp-brynu	to bulk buy
symudiadau	flows
system nerfol	nervous system
talp(iau)	nugget(s)
tawel	calm
teim	thyme
teimlo'n sâl	nausea
toesen(ni)	doughnut(s)
tomatos ceirios	cherry tomatoes
tomatos heulsych	sunblushed tomatoes
troell y cefn	spinal twist
trydanu	to charge
tsili fflawiog	chilli flakes
Twrmalin Du	Black Tourmaline
thus	frankincense
wedi'i drwytho	infused
wedi'i lefeinio	fermented
ymateb trwy ymladd	fight or flight
neu ffoi	
ymbelydredd	radiation
ysgaw	elderberry
ysgrafell	scraper
ystumiau	postures

MYNEGAI

DIODYDD

Oer

- *Coctel*

  Coctel *kombucha* gyda llugaeron a mintys   136

- *Smwddis*

  Smwddi gwyrdd syml   65

  Smwddi *mint choc chip*   132

  Smwddi protein gwyrdd   85

- *Sudd*

  Sudd melon dŵr a mintys   86

  Sudd seleri   63

  Sudd tyrmerig a sinsir   108

Cynnes

- *Coffi/Latte*

  Coffi madarch   134

  Latte matcha   65

  Latte rhosyn   88

  Latte tyrmerig   110

- *Te*

  Dŵr cynnes a lemwn   62

  Sudd poeth lemwn, oren a thyrmerig   109

  Te llysieuol camomil, *passiflora* a lafant wedi'u trwytho   87

  Te llysieuol dail mafon coch a dant y llew wedi'u trwytho   66

  Te *St John's wort*, *rhodiola* a *tulsi* wedi'u trwytho   133

  Te ysgaw, egroes a hibisgws wedi'u trwytho   111

Eggnog hufennog   130

Powdr sbeis pwmpen   107

Siocled poeth blas pupur-fintys   131

Surop sbeis pwmpen   106

BRECWAST

Afal

Crymbl afal sinamon gyda chnau Ffrengig wedi'u carameleiddio   114

Granola afal, sinamon, pecan a goji   70

Tost Ffrengig sbeis pwmpen ac afal   112

Banana

Bara banana, cnau Ffrengig a menyn cnau almon gyda hufen cnau coco wedi'i chwipio   69

Uwd menyn almon gyda bananas wedi'u carameleiddio   138

Cashiw

Hufen caws cashiw a rhosmari gydag afocado ar dost   93

Iogwrt cashiw   89

Oren

Jam chia, oren a llugaeron   137

Toesenni oren a chardamom   141

Crempog lemwn, cardamom a llus   73

Miwsli 'cacen foron'   113

Peli pŵer coffi gydag eisin siocled   90

Pwdin chia   92

PRIF BRYDAU

Asiaidd

Cêl cnau coco gyda chwinoa tyrmerig — 120

Dysgl o nwdls cynhesol — 99

Y cyrri figan gorau — 119

Cawl

Cawl caws blodfresych — 142

Cawl madarch hufennog — 100

Pasta a pitsa

Pasta mac a chaws — 118

Pasta madarch gyda saws cnau cashiw hufennog — 74

Pasta tomato sbeislyd gyda pheli planhigyn — 116
wy a chorbys gwyrdd

Pitsa cwinoa gyda phesto cnau Ffrengig, — 76
saws goji a chaws parma cashiw

Salad

Salad Cesar â thalpiau *tempeh*, *croutons* cartre — 97
a saws cnau cashiw hufennog

Salad corbys gwyrdd gyda thatws rhost — 78
a dresin cartre

Omled — 94

Pei llysiau rhost cartre — 144

Powlaid o lysiau pwerus — 149

Stwnsh blodfresych gyda sosej llysieuol — 146
a grefi madarch

MELYS

Cacennau

Cacen foron amrwd gydag eisin camomil cashiw — 126

Cacen gaws fanila Efrog Newydd — 151

Cacennau caws hufen da!, matcha a lemwn — 81

Pei

Pei banoffi caramel — 155

Pei pwmpen — 122

Siocled

Browni amrwd ag eisin rhosyn siocled — 79

Mousse siocled — 103

Peli pŵer coffi gydag eisin siocled — 90

Siocled amrwd hardd — 80

Siocled poeth blas pupur-fintys — 131

Smwddi *mint choc chip* — 132

Cyffug menyn almon — 102

Hufen da! riwbob a banana — 101

Tartenni Nadolig amrwd — 152

Toesenni sbeis pwmpen gydag eisin caramel — 125

Ryseitiau ar gyfer cynnyrch ymolchi diwenwyn

Diaroglydd — 160

Masg wyneb afocado a rhosyn — 159

Siampŵ sych — 158

www.ylolfa.com